DAS LETRAS: AVAL E PROTESTO

NUNO MADEIRA RODRIGUES

DAS LETRAS: AVAL E PROTESTO

2.ª Edição

DAS LETRAS: AVAL E PROTESTO

AUTOR
NUNO MADEIRA RODRIGUES

EDITOR
EDIÇÕES ALMEDINA. SA
Rua da Estrela, n.º 6
3000-161 Coimbra
Tel.: 239 851 904
Fax: 239 851 901
www.almedina.net
editora@almedina.net

EXECUÇÃO GRÁFICA
G.C. – GRÁFICA DE COIMBRA, LDA.
Palheira – Assafarge
3001-453 Coimbra
producao@graficadecoimbra.pt

Novembro, 2005

DEPÓSITO LEGAL
234601/05

Toda a reprodução desta obra, seja por fotocópia ou outro qualquer processo,
sem prévia autorização escrita do Editor
é ilícita e passível de procedimento judicial contra o infractor.

*A meus Avós, a meu Pai
e à Marta*

NOTA PRÉVIA À 2.ª EDIÇÃO

Decorridos que estão quase três anos desde a publicação do presente trabalho, é com muita satisfação que constato ter já esgotado a 1.ª Edição, reflexo do interesse que o mesmo despertou junto dos profissionais do Direito.

Desse modo, julgo ser oportuno avançar para esta 2.ª Edição na qual se introduz uma breve análise da evolução jurisprudencial desde 2002, sendo certo, porém, que não se afigura possível inovar em termos de conteúdo, na medida em que nenhumas alterações se verificaram a nível legislativo desde a mencionada data.

Não obstante, aproveito esta oportunidade para introduzir algumas notas soltas sobre a validade dos títulos de crédito que julgo serem relevantes para a prática forense, renovando votos que esta nova edição possa merecer o mesmo interesse que a sua predecessora.

Lisboa, 21 de Outubro de 2005

INTRODUÇÃO

O presente trabalho surge como resultado final de um estudo desenvolvido no âmbito de diversos processos executivos nos quais a questão da necessidade do protesto contra o avalista do aceitante assumiu especial importância em face das decisões que vieram a ser tomadas pela nossa Jurisprudência.

Como regra, temos que a grande maioria – porventura até a quase totalidade – da nossa Doutrina e Jurisprudência entendem ser desnecessário o recurso ao protesto para agir judicialmente contra o avalista do aceitante para cobrança de letras ou livranças não pagas no seu vencimento.

Sucede porém que surgem, no meio desta quase unanimidade de opinião, algumas vozes discordantes que procuram, com mais ou menos acolhimento prático, invocar a imperatividade do protesto para poderem ser exercidos quaisquer direitos judiciais contra o avalista do aceitante.

Procuraremos aqui, com base na análise de ambas as correntes de opinião ora referidas, determinar qual a natureza e função do instituto do protesto no actual quadro legislativo português, tendo em especial atenção busca de uma resposta para a questão de índole prática que com mais frequência se coloca aos nossos Tribunais nesta matéria: a exigibilidade ou não do protesto como pressuposto das acções executivas contra avalistas de letras ou livranças, nomeadamente enquanto avalistas do aceitante desses títulos.

Parece-nos no entanto útil clarificar desde já que, na nossa opinião, a polémica que envolve esta questão nunca poderá ser colocada em termos meramente teóricos. Com efeito, afigura-se como certo que o resultado de uma análise meramente dogmática desta problemática estará inevitavelmente condenado a ser considerado como totalmente desajustado em face da realidade prática, e dessa forma totalmente contrário ao espírito do legislador.

Será por este motivo que, embora recorrendo frequentemente à análise da Doutrina vigente e mais recente, procuraremos sempre estabelecer uma "ponte" entre esta vertente mais teórica e a adequação da mesma à realidade, de forma a evitar um certo desfasamento que levaria ao fracasso de um dos principais objectivos deste estudo, a sua eventual utilidade e aplicabilidade prática.

Será porém de referir desde já que quer-nos parecer que este instituto jurídico tem vindo a sofrer com o passar dos anos de um cada vez maior "desrespeito" prático pelos profissionais do Direito, não obstante o constante esforço do legislador em contrariar esta tendência de "desformalização" na realidade prática do mesmo.

Assim, estamos em crer que para a prossecução desta tarefa, nomeadamente de busca de uma resposta final para o problema de cariz eminentemente prático que aqui se procura resolver, afigura-se como determinante efectuar uma análise de alguma forma detalhada de dois conceitos base em questão: o aval e o protesto.

De facto, embora à partida estejamos em presença de dois conceitos, ou melhor, de dois institutos jurídicos autónomos, estes encontram-se eminentemente relacionados na medida em que as conclusões relativas à natureza e função do aval determinarão necessariamente o conteúdo das conclusões finais a tecer sobre a própria natureza e função do protesto.

No entanto, falar de aval e de protesto por si só não permitirá dar uma resposta cabal à questão que determina a própria existência deste estudo: será ou não possível accionar o avalista do aceitante sem recurso ao protesto?

Com efeito, será ainda necessário relacionar estes dois institutos e as consequentes ilações ou conclusões retiradas acerca dos mesmos com um outro instituto jurídico que, como se verá, não só está eminentemente relacionado com esta questão, como condiciona a própria direcção a seguir na análise, bem como as conclusões finais a que se chegará: o aceite.

De facto, por si só a análise do aval e do protesto conduziria a determinados resultados práticos que, sem a intervenção da problemática do aceite, não permitiriam responder à tarefa a que ora nos propomos.

O aval dado por conta do sacado e por conta do aceitante envolve contingências próprias e distintas e, tal como se procurará exemplificar no decurso do presente estudo, estas duas realidades aparentemente tão semelhantes, acabarão por ter efeitos práticos bem diferenciados.

Como nota final nesta introdução, estamos em crer, na nossa modesta opinião, que o presente trabalho poderá de certa forma ser um apoio útil aos profissionais de Direito na medida em que visa uma análise sintética e sistemática das questões enunciadas, pugnando por uma solução a dar às mesmas de cariz eminentemente prático, mais afastado da perspectiva puramente dogmática que tem marcado a grande maioria das obras contemporâneas que versaram estas matérias.

De qualquer modo, aproveitamos igualmente esta oportunidade para desde já lamentar o facto de, por vezes, nos perdermos um pouco em considerações demasiadamente minuciosas ou concretas.

Tendo em consideração que estamos a discutir e analisar matérias tão vastas e complexas, temos como certo que muitas questões de pormenor relativas aos institutos do protesto e do aval estarão ainda por responder, nomeadamente a nível de uma vertente mais virada para a prática jurídica, motivo pelo qual, embora por vezes como que nos percamos nessa busca de respostas adequadas à realidade concreta, procuraremos sempre que decorram dessas soluções pontuais, outras soluções de carácter mais genérico e abstracto, que eventualmente possam responder a uma maior diversidade de situações.

1. LETRA DE CÂMBIO: BREVE SÍNTESE DA EVOLUÇÃO HISTÓRICA E LEGISLATIVA

Antes de entrarmos propriamente na análise da problemática em questão, parece-nos de grande utilidade fazermos umas referências prévias à evolução histórica das letras de câmbio

Não se procurará aqui fazer uma descrição minuciosa dessa mesma evolução, mas tão só aludir sucintamente ao aparecimento das mesmas, sua evolução a nível do Direito Português e especialmente a nível do Código Comercial de 1888, vulgo Código Beirão.

De facto, é com base na análise deste último Código, mormente da natureza das letras de câmbio nele prevista que poderemos como que iniciar verdadeiramente a tarefa a que nos propomos.

Assim, julgamos conveniente fazer igualmente algumas referências, ainda que breves, aos institutos em questão – aval e protesto – inseridos e analisados à luz desse mesmo Código. Com efeito, estamos em crer que algumas das confusões ou equívocos ainda patentes na actual Doutrina portuguesa relativa a títulos de câmbio, nomeadamente às letras e livranças, poderá ser compreendida e justificada por via desta análise, motivo pelo qual a mesma se nos afigura como deveras importante.

No que concerne ao aparecimento e evolução histórica das letras de câmbio, fazendo aqui apelo ao que nos ensina Sá Carneiro *in* "Da Letra de Câmbio na Legislação Portuguesa"[1], podemos concluir que o aparecimento das letras de câmbio se deve essencialmente a uma evolução do contrato de câmbio de forma a permitir a sua regionalização ou até mesmo internacionalização.

---

[1] Pp. 13 e ss.

Com efeito, inicialmente as relações comerciais, entre as quais os contratos de câmbio, eram como se sabe essencialmente de cariz local, muito devido às dificuldades de comunicação e à própria insegurança existente nas viagens.

Ora, foi para obviar a estes condicionalismos, nomeadamente pela necessidade de enviar dinheiro para longe em razão do incremento das relações comerciais, necessidade essa que esbarraria nas antigas leis proibitivas da saída de numerário, que surge a figura da letra de câmbio.

Porém, de acordo com Sá Carneiro, não são somente estes os motivos na base do aparecimento desse título cambiário. De facto, este Autor aponta igualmente a "pouca facilidade de comunicações e (...) o estado desorganizado da circulação monetária"[2] como determinantes para a criação desse modo de prova de pagamento.

Com efeito, aquando do seu surgimento, as letras não tinham as mesmas funções comerciais que hoje detêm. Elas surgem como um meio de prova do pagamento feito a um cambista que posteriormente faria esse pagamento noutro lugar por intermédio de terceiros.

No fundo, as letras atestavam que o cambista recebia o dinheiro, exprimindo a posterior obrigação deste em fazer entregar esse mesmo noutro local.

Neste quadro, a regulamentação das letras de câmbio não era muito extensa, ou melhor dizendo, era até bastante reduzida. Com efeito, anteriormente ao Código de Ferreira Borges era nos costumes que seria possível encontrar qualquer forma de regulamentação das letras de câmbio.

Como se sabe, durante muito tempo, o Direito comercial e as questões eminentemente comerciais não foram objecto de regulamentação escrita, ficando assim como que entregues à criação de um conjunto de usos e costumes que acabaram posteriormente por merecer honras de consagração positiva. Foi o caso das letras de câmbio que, até à entrada em vigor do referido Código de Ferreira Borges, apenas se regulavam pelos usos e costumes mercantis, sem prejuízo de algumas parcas referências às mesmas a nível das Ordenações.

---

[2] Obra cit. pág. 14

Como conclui Sá Carneiro, "durante este largo período, a letra foi pura e simplesmente o instrumento de contrato de câmbio"[3].

Com a entrada em vigor do Código Comercial de Ferreira Borges em 1833, a letra de câmbio passou a ser definida como sendo uma carta solene pela qual quem a assina (sacador) encarrega aquele a quem escreve (sacado) de pagar, num determinado lugar e época a determinada pessoa (portador), determinada soma em dinheiro.

Por outro lado, essa letra expressava igualmente o reconhecimento pelo sacador de ter recebido ou fiado o valor expresso na letra, o que nos permite verificar que este título mantinha, apesar da positivação e codificação, a sua natureza instrumental face ao contrato de crédito.

Foi apenas com o Código Comercial de 1888, também conhecido por Código Beirão em homenagem ao seu Autor, e actualmente em vigor, apesar das sucessivas alterações a que foi sujeito, que a letra de câmbio assumiu contornos semelhantes aos que actualmente tem.

De facto, e parafraseando, tal como Sá Carneiro o faz[4], o relatório ministerial, "A letra passará a ser como um simples contrato *litteris,* independente e obrigatório por si mesmo, válido pelas assinaturas que contiver, e pelas estipulações nela materialmente expressas. A si própria se satisfará, e só, por o que for e indicar, terá validade."

Foi neste momento que nasceu a letra de câmbio como ora a conhecemos, marcada pelo seu carácter literal, pela incorporação da promessa no título, pela autonomia e pela abstracção.

A letra assumia-se assim como verdadeira expressão de uma obrigação, regulamentada autonomamente a nível do Código Comercial nos seus artigos 278.º a 343.º[5].

E é, desde este momento de uma certa identidade a nível da natureza da própria letra face ao regime actual, que nos interessa aprofundar um pouco esta análise introdutória, nomeadamente relativa-

---

[3] Obra cit., Pág. 46

[4] Obra cit., Pág. 49

[5] Como se sabe estes artigos foram revogados aquando da entrada em vigor em Portugal da Convenção de Genebra em 1934, vulgo Lei Uniforme relativa às Letras e Livranças, ou LULL

mente aos dois institutos que nos interessam especialmente: o aval e o protesto.

No que diz respeito ao aval, anteriormente à entrada em vigor da LULL, a questão da natureza deste instituto era resolvida com grande facilidade no Código Comercial de 1888, sendo definido como uma verdadeira fiança, sendo-lhe desse modo aplicável o regime então vigente a nível do Código Civil desde que as disposições do mesmo não contendessem com a natureza cambiária do aval[6].

O aval era assim entendido como fiança cambiária[7], sendo entendido, não como garantia pelo eventual não pagamento, mas sim no sentido em que seria garante da própria obrigação do avalizado[8]. O avalista assumia uma verdadeira solidariedade para com o avalado.

Será assim fácil depreender que, pelo acima exposto, já aqui se pode verificar uma diferença fundamental entre a natureza do aval ao abrigo do Código comercial de 1888 e aquela que se depreende da análise dos artigos 30.º a 32.º da LULL.

No entanto, dada a enorme relevância desta questão para o apuramento de uma conclusão acerca da necessidade ou não do protesto para accionar o avalista do aceitante, a mesma merecerá honras de tratamento separado mais adiante, pelo que por ora nos limitamos a remeter para esse ponto.

Fica então por analisar em que moldes se configurava a figura do protesto no referido Código, sendo tal análise de maior importância na

---

[6] Estamos em crer que estas disposições são um bom exemplo da evolução e autonomização do Direito Comercial face ao Direito Civil. Embora aquele tenha claramente neste último as suas origens, foi conseguindo, essencialmente pela cada vez maior difusão dos usos e costumes comerciais, a sua clara autonomização, seguindo essencialmente uma lógica radicalmente distinta da civilista. É por este motivo que, embora admitindo o recurso às suas raízes civilistas, o Direito Comercial apenas o faça na medida em que tal não contrarie o espírito e natureza comercialista dos seus institutos

[7] cf. Paulo Sendin, *in* "A Natureza do Aval e a questão da necessidade ou não de protesto para accionar o avalista do aceitante", pág. 21

[8] cf. Paulo Sendin, *in* "A Natureza do Aval e a questão da necessidade ou não de protesto para accionar o avalista do aceitante", pág. 22.

medida em que foi no Código de 1888 que apareceu pela primeira vez este instituto no ordenamento jurídico português.

Assim, o protesto foi entendido e consagrado como um acto público e solene que se destinava a provar a falta de cumprimento da promessa cambiária, ou pelo menos o justificado receio dessa falta[9].

Já neste Código se efectuou a separação entre protesto por falta de aceite e por falta de pagamento mas, para efeitos do presente estudo, apenas levaremos em linha de conta, por ser aquele de maior aplicação prática, o protesto por falta de pagamento.

Afigura-se-nos como útil, embora para referência posterior, aludir neste momento à importância dada pelo Código Beirão à solenidade do protesto, bem como à importância dos formalismos processuais a serem seguidos em caso de incumprimento de uma letra.

De facto, tal era a preocupação de índole formal e probatória que, previa-se claramente que, mesmo em caso de morte ou falência do sacado, não ficava o portador da letra desobrigado da obrigação de fazer certificar a falta de pagamento pela forma legalmente prevista para o efeito[10] – o protesto.

Temos então que reter, após esta breve análise da evolução histórica da letra de câmbio, e particularmente dos institutos do aval e do protesto, duas ideias fundamentais para futura referência ao longo deste estudo.

Por um lado, até à entrada em vigor da LULL, a natureza jurídica do aval estava claramente definida como sendo de uma verdadeira fiança[11].

Por outro lado, o protesto aparece de "raiz" no Direito Português como um instituto exigente a nível dos seus procedimentos, e como tal, naturalmente impõe-se o recurso ao mesmo com vista a assegurar os direitos de acção em caso de incumprimento da obrigação cambiária.

---

[9] Sá Carneiro, obra cit., pág. 182

[10] Nomeadamente no já revogado art. 330.º do Código Comercial

[11] E como veremos esta questão ainda suscita muita polémica a nível da Doutrina actual, embora cada vez se generalize mais o afastamento da ideia do aval-fiança. A este ponto voltaremos adiante, pelo para lá ora remetemos

Temos até que o protesto seria neste Código mais exigente em certos níveis do que actualmente, mas, para o efeito que ora nos interessa, será apenas de reter a ideia da sua extrema imperatividade e importância a nível da realidade jurídico-comercial.

Por último, será ainda de fazer uma breve referência ao surgimento do actual regime jurídico relativo às letras e livranças, a LULL.

Cedo se percebeu que a falta de uniformidade entre os diferentes regimes jurídicos estaduais sobre os títulos de crédito impedia a proliferação e generalização destes a nível internacional, limitando desse modo o seu âmbito territorial à regionalidade ou nacionalidade.

De facto, não só se impunha dar resposta à necessidade de uniformização do direito cambiário, como também de, num momento posterior, resolver os conflitos de lei que surgiriam dessa mesma.

Foi nesta linha de pensamento que se guiou o Congresso de Antuérpia de 1885, tendo aberto as portas a outras reuniões posteriores com o mesmo objectivo, todas com mais ou menos sucesso.

Como corolário deste movimento unificador do direito cambiário, foram assinadas em 7 de Junho de 1930, em Genebra, três Convenções destinadas a regulamentar uma lei uniforme de letras e livranças, outra destinada a resolver conflitos de leis nestas matérias, e uma última relativa ao imposto de selo a ser aplicado nas letras e livranças, aprovadas em Portugal pelo DL n.º 23.721, de 29 de Março de 1934, confirmadas e ratificadas pela Carta de 10 de Maio desse mesmo ano, tendo sido publicadas no Suplemento ao Diário do Governo de 21 de Junho de 1934, ano em que passaram a vigorar em Portugal.

Resta por fim referir que será, obviamente, com base no preceituado nesta Lei Uniforme que procuraremos encontrar resposta para as perguntas que inicialmente formulámos.

Porém, como se verá, nunca nos poderemos distanciar completamente dos anteriores regimes legais, regimes estes que ainda hoje influenciam em muito o pensamento de grande parte da nossa Doutrina e da nossa Jurisprudência.

2. REFERÊNCIAS JURISPRUDENCIAIS

Como já referido aquando da nossa introdução a este trabalho, para a obtenção de uma resposta de validade prática para a questão que inicialmente foi colocada, será necessário partir igualmente da actual realidade prática, nomeadamente Jurisprudencial, quer seja para fazer o seu elogio, quer seja para fazer a sua crítica.

Nos moldes actuais, a Jurisprudência tem sido quase unânime em considerar como desnecessário o protesto contra o avalista do aceitante quando está em causa o direito de regresso por falta de pagamento de uma letra ou livrança no seu vencimento.

Tendo em atenção especialmente esta questão surgiram diversos Acórdãos, sendo que pensamos ser importante a análise mais pormenorizada de alguns, nomeadamente tendo em consideração os diversos fundamentos utilizados por cada um deles de forma a justificarem este entendimento actualmente dominante no nosso país, procedendo-se posteriormente à análise dos mesmos.

Cabe no entanto aqui uma nota prévia à análise propriamente dita dos Acórdãos em questão.

A questão da necessidade do protesto ou não é frequentemente debatida nos nossos Tribunais, sendo que, a tendência marcadamente dominante, como já referido, é de considerar este formalismo como dispensável.

Porém, e para possamos de certo modo ter uma visão estatística, embora meramente indicativa, foi possível aferir, pela análise de uma larga série de decisões Jurisprudenciais, que esta tendência se verifica essencialmente a nível dos nossos Tribunais superiores, nomeadamente a nível dos Tribunais de Relação e do próprio Supremo Tribunal de Justiça.

No entanto, cada vez mais frequência podemos deparamo-nos com sentenças dos Tribunais de 1.ª Instância que decidem a questão

20 · *Das Letras: Aval e Protesto*

pela exigência do protesto como pressuposto da existência do direito de acção contra avalistas de aceitantes, o que, na nossa opinião, revela por si só uma certa tendência para uma inversão Jurisprudencial do sentido das decisões relativas a estas matérias, tendência esta que desde já se louva na medida em que será pelo cada vez maior confronto de posições que realmente se evoluirá com vista à construção de um sistema cambiário mais adequado à realidade evolutiva do comércio jurídico.

Posto isto, temos como exemplificativos da análise que aqui nos propomos os seguintes Acórdãos:

2.1 Acórdão da Relação de Lisboa de 25/03/1999[12]

Neste Acórdão surge um exemplo clássico da situação em apreço na medida em que temos um Executado que avalizou uma sociedade que por sua vez tinha aceite diversas letras já vencidas e não pagas.

In casu, o Executado defende-se através de diversas excepções à procedência dos direitos cambiários emergentes de diversas letras por si avalizadas, entre as quais, a falta de protesto em tempo útil, motivo que determinaria a procedência dos Embargos de Executado e correspondente absolvição do pedido em relação à sua pessoa.

Os Embargos foram julgados procedentes em 1.ª Instância com base num entendimento literal do art. 32.º da Lei Uniforme sobre Letras e Livranças (doravante LULL), no qual se determinou que "o normativo da primeira parte do artigo 1.º do artigo 32.º da LULL apenas estabelece um critério de medida de responsabilidade que é pressuposta, isto é, para o caso de ela existir, e que o avalista do aceitante, como qualquer outro garante cambiário, só responde pela falta de pagamento da letra de câmbio pelo aceitante quando a letra lhe fosse apresentada na época e no lugar do pagamento e desde que tal facto se comprovasse por protesto, sob pena de ser considerado obrigado

---

[12] www.trl.pt/jurisp/1585-99-salv.html

directo à semelhança de um fiador que não goze do benefício da excussão prévia"[13].

Em sede de recurso, entendeu por bem o Tribunal da Relação de Lisboa analisar individualmente duas questões base desta matéria: a natureza do aval e a questão do protesto propriamente dito.

Sem nos alongarmos demasiado, convém reter aqui que, no que diz respeito à primeira das questões em apreço, entende o douto Tribunal que o aval tem a natureza de uma verdadeira garantia, colocando-se ao lado da obrigação de determinado subscritor em termos de a caucionar[14].

Afirma igualmente o douto Tribunal que está prevista no art. 47.º, alínea 1.ª da LULL uma solidariedade "imperfeita" ou "imprópria" entre o avalista e o avalizado de uma letra, e que por conjugação com o art. 32.º, 1.ª parte, o dador de aval deverá ser equiparado, na sua obrigação, ao avalizado, tendo a obrigação daquele o mesmo carácter que a deste, e que os efeitos jurídicos desta se repercutem na primeira.

Será ainda de realçar, dentro do estudo elaborado pelo Tribunal sobre a natureza do aval, que chega-se então à conclusão que "a obrigação do avalista também se não configura como absolutamente autónoma da do avalizado porque se destina a garantir o pagamento da letra por este e, por isso, é subsidiária de outra obrigação cambiária".

No que diz respeito à falta de protesto e eventual perda de direito de acção contra o avalista, entende o douto Tribunal que só se poderia chegar a tal entendimento por via de uma interpretação literal do art. 53.º da LULL, o que não procede na medida em que o art. 32.º, alínea 1.ª impõe limites ao alcance daquele artigo.

Com efeito, por via da solidariedade existente, seria de todo vazio de sentido o recurso ao protesto para que o portador da letra pudesse exercer os seus direitos cambiários contra o aceitante, e bem assim contra o seu avalista, motivo pelo qual o douto Acórdão revoga a sentença recorrida e julga os Embargos improcedentes, dando-se provimento à apelação.

---

[13] Neste caso temos um bom exemplo da tendência de inversão e de decisão a nível dos Tribunais de 1.ª Instância a que já tínhamos feito referência no pequeno intróito deste capítulo

[14] cf. *Infra*, Ferrer Correia, "Lições de Direito Comercial", Vol. III

2.2 Acórdão do Supremo Tribunal de Justiça de 15/05/96[15]

Neste segundo Acórdão, a questão põe-se exactamente nos mesmos termos que no anterior: é proposta uma acção executiva contra os avalistas do aceitante sem que tenha sido protestada uma letra vencida e não paga, ao que os Executados respondem em Embargos invocando a inexistência de direito de acção contra si por falta do protesto.

Antecipando o que adiante será desenvolvido, a decisão do Supremo Tribunal de Justiça vai no mesmo sentido da do douto Acórdão anteriormente descrito, sendo certo porém que se nos afigura útil a análise da mesma na perspectiva dos seus fundamentos justificativos que, embora semelhantes, se apresentam como mais completos face aos acima descritos. Por outro lado, entendemos que será pertinente a referência efectuada a uma nova questão levantada pelo Acórdão, a cláusula "sem protesto" que está por vezes na base desta problemática.

Nestes termos, o Acórdão analisa de forma algo detalhada ambas as posições sustentadas pela nossa Doutrina: desnecessidade ou imperatividade do protesto.

Quanto à primeira das posições referidas, refere-se que o entendimento base do art. 32.º da LULL determina, tal como já referido, que a obrigação do avalista se encontra numa relação de dependência ou acessoriedade relativamente à do avalizado. Porém, vai mais longe tal posição ao determinar que a obrigação do avalista não depende de pressupostos próprios de eficácia mas tão só dos pressupostos de eficácia dos quais depende a obrigação avalizada, opção esta que nos parece como claramente determinante para resolução da questão em apreço. Assim, como o art. 53.º da LULL não faz depender de protesto o direito de acção do portador contra o aceitante, da mesma forma não poderia o protesto ser um pressuposto desse direito face ao avalista.

O avalista surge, na opinião desta corrente doutrinal, como um obrigado directo e solidário da obrigação, independentemente da apresentação da letra a pagamento pelo portador. E este ponto parece-nos de realçar desde já na medida em que se afirma peremptoriamente que

---

[15] www.dgsi.pt

"destinando-se o protesto a comprovar a recusa desse pagamento pelo sacado, ele não faria sentido relativamente ao avalista do aceitante, obrigado enquanto este independentemente da apresentação da letra (a pagamento)"[16].

Como partidários da opinião inversa, o Acórdão cita os Professores Paulo Sendin e Evaristo Mendes, *in* "A Natureza do aval e a questão da necessidade ou não de Protesto para accionar o Avalista do aceitante", 1991[17], obra na qual se defende de forma directa, – e talvez pela primeira vez entre nós após a entrada em vigor da LULL –, a imperatividade do Protesto de forma a serem exercidos os direitos cambiários derivados da falta de pagamento de letras e livranças contra o avalista de um aceitante.

Assim, defendem estes Autores que "o sacador, os endossantes e os avalistas garantem ao portador que o sacado, sendo-lhe apresentada a letra no tempo e lugar em que é pagável, não recusará o seu pagamento(...). Mas pode dar-se o caso de a letra não ser apresentada pelo portador ao pagamento do sacado no tempo (e no lugar) em que ela é pagável. Neste caso, o seu pagamento não ocorre mas também não é recusado".

Nesses termos, o que o art. 53.º da LULL dispõe é que apenas se mantém o direito de acção contra o aceitante, sendo necessário provar legalmente (pelo protesto) junto dos garantes (entre os quais o avalista) que houve uma recusa de pagamento. No fundo, o avalista assume a responsabilidade pelo pagamento, nomeadamente por uma eventual recusa do mesmo, mas tal responsabilidade só existirá se o portador conseguir prová-la pelo instituto do protesto.

Tendo por base ambas as opiniões acima expostas, coube ao STJ dirimir argumentos e decidir. Assim, tomando por base a douta opinião

---

[16] A corrente em questão é defendida, de acordo com o Acórdão do STJ, por diversos autores, entre os quais: Pinto Coelho, *in* Lições de Direito Comercial, vol. 2, fascículo V, as Letras, 2. pp. 19 e seguintes; Ferrer Correia, *in* Lições de Direito Comercial, vol. III, 1965, página 211; Gonçalves Dias, *in* Da Letra e da Livrança, vol. III, página 511; Fernando Olavo, *in* Direito Comercial, vol. II, página 136.

[17] Pp. 91 a 94

de Pinto Monteiro, aponta duas grandes críticas à tese da necessidade do protesto: a natureza do aval e a função do protesto.

Quanto à natureza do aval, o STJ acaba por adoptar a teoria de que este tem uma função ou finalidade de garantia primária, assumindo as responsabilidades derivadas do conteúdo do acto cambiário nos mesmos termos que o sacado ou aceitante.

No que respeita à função do protesto, ao partir da sua enunciação como um pressuposto para responsabilizar os garantes indirectos ou "secundários" das letras, o STJ claramente dita que o mesmo assume a natureza de uma formalidade indispensável ao exercício do direito de regresso contra endossantes e demais co-obrigados cambiários, excluindo desta categoria os avalistas.

Com efeito, relativamente ao avalista entende o STJ que este não formula, como os restantes signatários, qualquer ordem de pagamento. Ele limita-se a assumir subsidiariamente a obrigação do avalizado, embora a sua responsabilidade vá mais longe, chegando à "solidariedade".

Tendo por base o acima exposto, será *a fortiori* imperativo compreender que a decisão do STJ foi no sentido de negar a revista, determinando a desnecessidade do protesto para se agir contra o avalista do aceitante. Aproveitando agora para fazer a ponte com a questão da cláusula "sem protesto", e embora o douto Acórdão se tenha limitado a enunciar sumariamente a questão sem porém a concretizar, temos por bem entender que, com base na decisão final, entende o STJ que é igualmente desnecessária ao entendimento fixado a existência da cláusula "sem protesto" na medida em que esta apenas se destinaria a dispensar o mesmo quanto aos obrigados "secundários", excluindo dessa forma o avalista. Porém, parece-nos que este ponto merecerá desenvolvimentos mais adiante pelo que para lá remetemos.

2.3 Acórdão do Supremo Tribunal de Justiça de 17/03/1988[18]

Em último lugar, não podemos deixar de fazer referência ao Acórdão do STJ de 17 de Março de 1988. Com efeito, apesar da decisão

---

[18] BMJ 375 (1988), pp. 399 a 402

final ir no mesmo sentido das anteriores, são de realçar alguns pontos inovadores neste Acórdão, e que muito úteis se nos afiguram para melhor compreensão e argumentação acerca da questão que se nos coloca.

Por um lado, refere-se directa e assumidamente a ideia de interpretação da LULL à luz dos princípios gerais do Direito Civil, nomeadamente à luz do disposto no art. 9.º, n.º 3 do Código Civil[19], justificando dessa forma o recurso ao art. 32.º da LULL para limitar a estrita aplicação literal do art. 53.º do mesmo regime.

Deste modo, e apesar de estarmos em presença de uma nova (ou talvez apenas de uma directa assunção de entendimento anteriormente já perfilhado e não assumido) forma de justificação da "complementaridade" entre os citados artigos, como que caímos no lugar-comum que é o admitir novamente a desnecessidade do protesto contra o avalista do aceitante na medida em que a obrigação daquele reveste a mesma natureza que a deste.

No entanto, facto relevante dentro da Jurisprudência mais recente, e que não passou despercebido à Doutrina[20] foi a posição assumida pelo Ex.mo Senhor Juiz Conselheiro Tinoco de Almeida que, através do seu voto de vencido, afasta-se da posição dominante ao admitir que as obrigações dos avalizados e dos avalistas não revestem a mesma natureza, negando assim o afastamento do princípio legal da autonomia das obrigações cambiárias.

2.4 Conclusões

Temos então que, após a análise destas decisões, duas questões surgem como determinantes para o bom entendimento da problemática à qual procuramos dar uma cabal resposta: a natureza do aval e a natureza e função do protesto.

---

[19] "O intérprete presumirá que o legislador...soube exprimir o seu pensamento em termos adequados"

[20] Já relativamente a este aspecto tinha sido feita referência pelo Prof. Dr. Paulo Sendin, obra cit., nota prévia

Quanto a estas questões, temos como certo que a opinião da nossa Jurisprudência é notoriamente decalcada da perfilhada pela Doutrina dominante, pelo que, não obstante a posterior análise mais detalhada desta última, será de fixar desde já um conjunto de ideias ou "dogmas" que se encontram enraizados no espírito dos nossos julgadores.

2.4.1 *Natureza do aval*

Quanto à natureza do aval, a ideia base é de que este consiste numa garantia que actualmente se afasta da ideia inicialmente defendida do "aval-fiança", aproximando-se actualmente de uma caução da obrigação na qual o avalista dá como garantia pessoal de pagamento da letra o seu património. Mas, a ser apenas assim o entendimento, tal não levaria forçosamente às conclusões que foram retiradas pela nossa Jurisprudência na medida em que as garantias destinam-se em geral a serem uma obrigação subsidiária face à obrigação principal.

Deste modo, teria necessariamente de existir uma apresentação e consequente recusa ou impossibilidade de pagamento pelo aceitante de modo a ser responsabilizado o avalista-garante daquele.

Ora, como vimos, não é este o entendimento perfilhado pelos nossos Tribunais, que criam, com base na Doutrina, uma garantia "híbrida" ou atípica, na qual a obrigação do avalista aparece como subsidiária face à obrigação avalizada (como pensamos decorre obrigatoriamente da lei) mas igualmente como solidária desta. Assim, surge aquilo que designam como uma "solidariedade imperfeita" do garante face ao garantido, "imperfeição" esta que permite a harmonização plena entre o art. 32.º e o art. 53.º da LULL ao afastar a mera relação de subsidiariedade prevista legalmente. É igualmente esta "solidariedade imperfeita" que justifica a posição defendida pelos Tribunais na qual os efeitos da obrigação avalizada se repercutem na esfera do avalista, sem no entanto obviar à acessoriedade do aval, patente nomeadamente no art. 32.º, 2.ª parte da LULL.

Partindo destes pressupostos enunciados, reconhecem-se então duas consequências lógicas dos mesmos.

Por um lado, afirma-se que o avalista surge como obrigado directo e primário (por força da solidariedade) face ao portador de uma letra, sendo a garantia prestada por ele uma garantia de natureza primária.

Por outro lado, decorre que tal obrigação assumida dependerá dos mesmos pressupostos de eficácia de que depende a obrigação avalizada, pelo que, se o protesto não é pressuposto para se accionar o avalizado, também não o poderá ser para accionar o avalista.

2.4.2 *A função do protesto*

Com base nas concepções enunciadas, e por via da solidariedade que é imposta, o art. 32.º surge como um verdadeiro limite ao art. 53.º, dispensando-se o protesto relativamente ao avalista.

Mas então, qual será a função que a Jurisprudência reserva ao instituto do protesto?

Aí, a resposta também surge de forma clara. O protesto será pressuposto do direito de accionar judicialmente os garantes indirectos ou secundários das letras, os co-obrigados previstos no art. 53.º, excluindo-se claramente desta categoria os avalistas dos aceitantes.

Será no entanto de realçar que surgem, como ficou expresso na opinião do Ex.mo Senhor Juiz Conselheiro Tinoco de Almeida, vozes discordantes entre a Jurisprudência cujo mérito será objecto de posterior análise, quedando-nos por agora pela mera enunciação das mesmas.

3. ANÁLISE DA DOUTRINA PORTUGUESA

Partindo da Jurisprudência analisada, impõe-se agora uma maior concretização de algumas das posições doutrinais que estão na base daquela de forma a esquematizar-mos algumas ideias chave nesta problemática.

Assim, pensamos ser útil voltar a efectuar a divisão a que *supra* recorremos entre natureza e função do aval e natureza e função do protesto, sendo certo que a mesma se nos afigura como a mais clara e sintética face aos objectivos de análise a que nos propomos.

3.1 Natureza e função do aval

Como base desta exposição, temos que é entendimento geral na Doutrina que o aval assume a natureza de uma garantia de pagamento de uma obrigação cambiária[21]. Tal garantia é, de acordo com as palavras de Abel Delgado, uma responsabilidade "primária"[22], ou seja, o garante assume uma posição de responsabilidade directa e imediata para com o portador, ao contrário da responsabilidade de garantia que impende sobre os endossantes ou sacador, esta última de natureza secundária e meramente subsidiária face à obrigação principal.

O aval é sempre prestado por um terceiro (art. 30.º LULL) em face dos intervenientes principais na letra, sacado e sacador, terceiro

---

[21] cf. nesse sentido Pires Cardoso, *in* "Noções de Direito Comercial", 1998, pág. 228, Pupo Correia, *in* "Direito Comercial", 1997, 5.ª edição, pág. 161, Abel Delgado, *in* "Lei Uniforme sobre Letras e Livranças – Anotada", pág. 156, e Paulo Sendin, obra cit. pp. 98 e 99

[22] Obra cit. pág. 156

esse que pode ou não ser igualmente interveniente na relação causal que está na base do título. Importa porém esclarecer desde já que quando se faz referência a um terceiro, não estamos a fazê-lo em termos físicos mas sim jurídicos. Com efeito, frequentemente o avalista coincide fisicamente com o sacado, ou no caso que nos interessa, com o aceitante, sem que porém esteja a agir na mesma qualidade jurídica. Basta atentar aos casos clássicos em que o sacado é uma sociedade, intervindo como representante legal desta um dos seus gerentes que aceita a letra, sendo que posteriormente a avaliza, a título pessoal. Neste caso, é claro que quem intervém fisicamente é a mesma pessoa mas, juridicamente, o aval é sempre dado por um terceiro.

E em que termos é que este terceiro se obriga?

Neste ponto a Doutrina é unânime ao aceitar que a obrigação assumida é autónoma face à obrigação assumida pelo aceitante[23], nomeadamente com base na análise do disposto no art. 32.º II da LULL, na medida em que se dispõe a subsistência da obrigação do avalista mesmo que a obrigação por ele garantida ser nula, salvo no caso de vícios de forma. Esta sua obrigação é pessoal, respondendo pela mesma todo o seu património, não podendo existir qualquer contestação a este aspecto na medida em que o aval é um negócio cambiário unilateral, em que o avalista voluntariamente se obriga pessoalmente ao cumprimento de determinada obrigação[24].

Porém, embora este seja o entendimento mais comum em Portugal, e mesmo na Doutrina internacional, parece-nos pertinente fazer aqui uma breve referência à posição defendida por Paulo Sendin. Este autor entende que o aval, e consequentemente o avalista, garantem o pagamento pontual da letra[25]. Mas, em que termos? Assumindo uma responsabilidade primária?

Parece-nos de grande mérito a posição adoptada por este autor na medida em que pertinentemente refere que seria impossível defender, após análise do art. 32.º II da LULL, que o avalista garantiria a própria

---

[23] Abel Delgado, obra cit., pág. 156
[24] Pupo Correia, obra cit., pág. 161
[25] Obra citada, pág. 98

obrigação avalizada, mantendo-se a sua obrigação mesmo no caso daquela outra ser nula por qualquer vício que não de forma. A garantia dada pelo avalista será apenas de cumprimento pontual da letra *strictu sensu*, sem possibilidade de se efectuar qualquer interpretação extensiva desta expressão[26].

Mas a caracterização da natureza do aval não se esgota decerto por aqui.

Mesmo partindo da concepção dominante atrás referida, logo surge a dúvida sobre qual o conteúdo desta obrigação que é assumida pelo avalista, conteúdo esse que já gera alguma polémica entre a Doutrina.

Assim, temos autores[27] que defendem, apesar de, tal como já referido, a Jurisprudência tendencialmente se ter afastado dessa concepção, que o aval tem íntima ligação com a fiança. Para esses, como garantia pessoal que é, o aval não revestirá grandes diferenças face à fiança, sendo-lhe aplicável este regime quando não afastado pelas disposições próprias da lei cambiária[28]. Sustentam tal posição na possibilidade de o avalista utilizar as excepções que competem ao devedor principal, salvo as meramente pessoais.

Por outro lado, autores como Ferrer Correia[29] entendem que a teoria da fiança nunca poderia prevalecer na medida em que não permite justificar a manutenção da obrigação do avalista tal como prevista no já referido art. 32.º II da LULL no caso de nulidade da obrigação principal. De facto, a aceitar-se a teoria do aval-fiança, em caso de nulidade da obrigação avalizada, o art. 632.º do Código Civil ditaria claramente que a fiança seria igualmente inválida, solução esta contrária à prevista na LULL para estas situações.

---

[26] Será aqui de realçar que entende este autor que a garantia dada pelo avalista está sempre dependente da apresentação da letra no tempo e lugar em que a mesma é pagável. Sem essa apresentação, não houve de facto um pagamento mas também não terá havido a recusa do mesmo, necessária ao direito de regresso contra o avalista do aceitante – obra cit., pág. 99

[27] nesse sentido Abel Delgado, obra cit., pág. 159, cita Pinto Coelho

[28] Tal como visto aquando atrás aquando da análise da evolução histórica da letra de câmbio, esta era exactamente a solução prevista ao abrigo do Código Comercial de 1888

[29] nesse sentido Abel Delgado, obra cit., pág. 159, cita Ferrer Correia

Esta outra corrente entende então que existe uma "solidariedade imperfeita" entre avalista e aceitante que justificaria a manutenção da obrigação do primeiro mesmo em caso de nulidade da obrigação avalizada. Há como que uma equiparação entre avalista e aceitante, expressa claramente pela opinião de Pires Cardoso[30] que defende esta solidariedade de todos os signatários perante o portador de uma letra (com base na aplicação do art. 47.º da LULL).

É igualmente neste sentido, como pudemos observar, que a maioria da Jurisprudência decide[31], justificando dessa forma a autonomia das obrigações em causa, a subsistência da obrigação do avalista e a desnecessidade de protesto contra este último para ser accionado judicialmente pelo não pagamento de uma letra.

Pese embora ter sido já por demais clarificada esta corrente doutrinal, será ainda de salientar a posição assumida por Antunes Varela[32]. Tendo-se debruçado directamente sobre a diferença entre aval e fiança, defende este autor que, após a análise do art. 32.º da LULL, impõe-se a ideia que "perante o credor, a obrigação do avalista é mais uma obrigação paralela da que recai sobre o avalizado do que uma obrigação subsidiária como acontece na fiança". No fundo, será mais uma tese defensora da desnecessidade do protesto em face da ligação existente entre avalista e aceitante, fruto da própria natureza paralela do aval.

Postas estas considerações, entendemos ser ainda relevante chamar a atenção para um aspecto que adiante será desenvolvido com maior cuidado e dignidade. É unanimemente aceite que uma das características essenciais dos títulos cambiários é a sua circulabilidade[33], ou seja, o facto destes se caracterizarem pela circulação no mercado, servindo como forma de pagamento por bens e serviços, marcados sempre pela abstracção face às relações causais subjacentes à sua transmissão, característica que, como veremos, se reveste de extraordinária e crescente importância para a tomada de uma posição fundamentada acerca desta matéria.

---

[30] Obra cit., pág. 229

[31] cf. *supra* pág. 18

[32] *in* "Das Obrigações em Geral", Vol. II, pp. 465 e ss.

[33] Pupo Correia, obra cit., pág. 163

Porém, não será este o momento para adiantar estas considerações, pelo que a elas voltaremos mais adiante.

3.2 Natureza e função do Protesto

Não levanta grandes dúvidas a noção de protesto dentro do quadro da actual legislação cambiária. Assim, o protesto é um acto jurídico declarativo que se destina a comprovar e dar conhecimento da falta de pagamento (ou de aceite mas no caso que nos interessa quedamo-nos apenas pela falta de pagamento) de uma letra ou livrança[34]. Com efeito, de acordo com as palavras de Pupo Correia, "o protesto por falta de pagamento comprova que foi recusado o pagamento da letra para tal apresentada ao sacado e é feito contra este, já que, ao aceitar a letra, se obrigou a pagá-la no vencimento"[35].

Mas tal definição não esgotará por certo toda a extensão do instituto, pelo que será partindo desta noção base que passaremos então a isolar e analisar quais os efeitos concretos do protesto, procurando assim precisar melhor este conceito.

Assim, temos desde logo um efeito ou decorrência necessária do protesto, a comprovação do não pagamento, ou melhor, a comprovação da recusa do pagamento.

Com efeito, o protesto não se destina a demonstrar que determinada letra ou livrança não foi paga mas sim, que tendo sido apresentada a pagamento na data e local devidos, tal pagamento foi recusado pelo aceitante[36]. E desde já será de chamar a atenção para este aspecto, a necessidade de apresentação a pagamento de um título cambiário com vista à possibilidade de ser efectuado o protesto. Podemos mesmo afirmar com toda a certeza que um dos pressupostos do recurso ao

---

[34] E aqui se pode verificar que a noção de protesto se manteve praticamente inalterável quando confrontada com aquela que foi dada aquando do Código Comercial de 1888, tal como referida *supra*, pág. 8

[35] Obra cit., pág. 169

[36] Pires Cardoso, obra cit., pág. 232

protesto será a apresentação pontual do título ao sacado, em conjunto com a recusa de pagamento por parte deste.

Se tivermos igualmente em conta que o protesto será feito notarialmente (seguindo os formalismos previstos no Código do Notariado[37]), podemos também afirmar que o recurso a essa via se destina a conferir fé pública ao acto, facto esse que nos permite chegar à conclusão a que Paulo Sendin chega quando afirma que o protesto surge como o meio adequado à prova da recusa do pagamento[38]. E adequado porquê?

Essencialmente porque o portador fica com um meio probatório solene da recusa de pagamento, bem como das notificações efectuadas pelo Notário a todos os intervenientes cambiários dando-lhes conta desse facto.

Resumindo então, temos como primeiros efeitos do protesto um efeito comprovativo (da apresentação a pagamento e recusa deste) e um efeito certificativo[39].

Mas também já adiantámos um pouco mais ao referirmos as notificações a serem efectuadas pelo Notário. Tais notificações destinam-se a dar conhecimento aos restantes intervenientes na circulação do título que o mesmo, tendo sido apresentado a pagamento na data e local combinados, não foi pago, constituindo-se assim todos os restantes intervenientes na circulação cambiária como solidariamente responsáveis pelo cumprimento da obrigação vencida e não paga, nos termos do art. 47.º da LULL[40].

Sendo assim, temos que outro dos efeitos do protesto é um efeito conservatório[41] da responsabilidade dos restantes co-obrigados cambiá-

---

[37] art. 119 e seguintes

[38] Obra cit., pp. 100 a 102

[39] Na medida em que existe uma certificação notarial da falta de pagamento

[40] Pires Cardoso, obra cit., pág. 229

[41] Uma questão interessante que surge relativamente a este efeito é a de saber se ele se apresenta como conservatório ou constitutivo do direito de regresso a ser exercido pelo portador. Sem nos querermos alongar em demasia quanto a este assunto, entendemos que, salvo melhor opinião, o efeito é meramente conservatório na medida em que a responsabilidade dos restantes co-obrigados "nasce" com a sua intervenção

rios, constituindo nomeadamente um pressuposto do direito de regresso a ser exercido pelo portador da letra.

Mas, chegados a este ponto da exposição, levanta-se a questão fulcral à qual procuraremos dar resposta: a identificação dos "restantes co-obrigados cambiários", ou por outras palavras, a definição de quais os intervenientes cambiários contra os quais deverá ser exercido o protesto com vista à conservação do direito de regresso.

E neste aspecto concreto quase que podemos dizer que a Doutrina não diverge. Com efeito, salvo algumas desgarradas opiniões, é quase unânime o entendimento que o protesto a não ser exercido dita a perda do direito de regresso contra todos os co-obrigados à excepção do aceitante e seu avalista. Tal opinião é claramente expressa por Pupo Correia ao afirmar que "a falta de protesto não impede o portador de cobrar a letra do aceitante e do seu avalista, mas inibe-o de cobrar a letra do sacador, dos endossantes e demais co-obrigados"[42].

De facto, Abel Delgado vai ainda mais longe ao considerar peremptoriamente que o protesto é supérfluo como acto conservatório do direito de regresso contra o aceitante e seu avalista[43]. Para este autor, a vantagem do protesto estaria então, quando em causa o aceitante e seu avalista, na prova segura da apresentação oportuna da letra ao sacado e posterior recusa de pagamento por parte deste[44].

É no entanto útil aflorar aqui a outra vertente desta teoria de desnecessidade do protesto.

---

na circulação cambiária, seja através de endosso, do saque, ou do aval. Com efeito, é nesse momento de intervenção que os diferentes co-obrigados se tornam garantes do cumprimento da letra, o que indica claramente que a sua responsabilidade se constitui a partir desse momento. No entanto, esta responsabilidade não opera *ipso facto* na medida em que a lei é clara ao determinar, no art. 44.º I da LULL, que se o portador não protestar o título no prazo legalmente previsto para o efeito perde o direito de regresso contra todos os restantes co-obrigados, à excepção do aceitante. Isto significa então que a responsabilidades destes está como que sujeita a um termo, ou melhor dizendo, é uma responsabilidade a prazo, extinguindo-se com a verificação deste sem que tenha havido protesto

[42] Obra cit., pág. 170
[43] Obra cit., pág. 229
[44] Obra cit., pág. 245

De facto, o que acima se disse reporta-se tão-somente às situações mais frequentes em matéria de títulos de câmbio, havendo porém casos excepcionais em que os intervenientes fazem uso da cláusula "sem protesto" prevista no art. 46.º da LULL.

Nestes casos, a lei prevê que torna-se desnecessário o protesto enquanto conservatório do direito de regresso[45] na medida em que todos os intervenientes posteriores ao sacador aceitam a letra nesses termos. No fundo, ao intervirem na circulação de uma letra com a cláusula "sem protesto", os co-obrigados como que antecipadamente garantem o cumprimento da letra mesmo sem necessidade de recurso ao protesto, afastando à partida qualquer hipótese de perda do direito de regresso do portador em caso de incumprimento. Há uma verdadeira "consolidação" da garantia *ab initio*, ao contrário do que acontece nos casos em que esta cláusula não existe[46].

Feitas estas considerações, podemos assim chegar desde já a algumas conclusões relativamente à posição maioritária da Doutrina na questão da necessidade ou não do protesto.

Assim, temos que é geralmente aceite a tese da desnecessidade do protesto para se accionar o avalista do aceitante. A fundamentação varia de autor para autor mas, numa tentativa de síntese, estamos em crer que se pode afirmar que esta desnecessidade do protesto como que brota da própria natureza do aval. Com efeito, é por se entender o aval como uma garantia híbrida, na qual o avalista assume uma posição paralela ou quase idêntica ao aceitante que posteriormente se poderá defender que aquele deverá responder nos mesmos termos e condições que este. E é sensivelmente essa a ideia da nossa Doutrina, expressa igualmente na nossa Jurisprudência tal como pudemos analisar.

O avalista será para estes um verdadeiro obrigado originário ou primário. A sua responsabilidade perante o portador é directa e nesses termos a equiparação que é efectuada entre a sua posição jurídica e a do aceitante dita que, se os efeitos da obrigação deste se reflectem na esfera daquele, sendo desnecessário quanto a este o protesto, também o seja quanto àquele.

---

[45] Estamos a referir-nos apenas ao caso em que a cláusula é aposta pelo sacador

[46] Como visto, nestes casos a garantia como que só se consolida com o protesto

O mérito desta construção teórica é grande na medida em que resolve uma série de dificuldades levantadas pela literalidade da lei. Com efeito, permite obviar à referência directa no art. 53.º da LULL ao aceitante, retirando o avalista da noção de co-obrigados e integrando--o, por recurso ao art. 32.º da LULL, na definição de obrigado directo. E fá-lo por recurso a um argumento que importa desde já mencionar, a especialidade do art. 32.º da LULL face ao art. 53.º, especialidade esta que se baseia no facto de o art. 32.º ser especificamente dedicado ao aval, ao contrário do 53.º que se apresenta como mais genérico.

Mas posto isto, o que terá a dizer a tese contrária, defendida entre nós por Paulo Sendin e Evaristo Mendes[47]? Qual a posição globalmente assumida por estes autores nesta matéria e porquê da discordância face à Doutrina e Jurisprudência esmagadoramente dominantes? Vejamos.

Pegando no que acima foi dito quanto ao entendimento defendido por estes autores relativamente à natureza do aval[48], será decorrência

---

[47] obra cit.

[48] Como vimos *supra*, estes autores defendem que o aval não é mais do que uma garantia do pagamento pontual da letra, ou seja, de que o aceitante não recusará esse pagamento. Parece óbvio que ao defenderem esta posição, não pretendem dizer que o avalista garanta que, sendo a letra apresentada a pagamento, este seja efectuado. De facto, tal situação afigura-se-nos como verdadeiramente impossível na medida em que, de acordo com a ideia de não coincidência física entre avalista e aceitante, não será legítimo pressupor que caberá ao avalista qualquer meio ou até mesmo obrigação de persuadir ou influenciar o aceitante com vista ao regular cumprimento da letra apresentada a pagamento. O que o avalista garante é que, sendo recusado tal pagamento, assume a responsabilidade pelo mesmo.

Estamos em crer que será no entanto útil tecer alguns comentários suplementares a estas conclusões que ora se fazem, mormente relativas às obrigações do avalista face ao aceitante. Assim, e colocando a questão em termos puramente práticos, poderá sempre questionar-se se existe ou não um verdadeiro dever por parte do avalista em agir de modo a influenciar a conduta do aceitante com vista ao pagamento do título. Porém, apesar do eventual interesse teórico que esta questão possa assumir, nomeadamente no quadro da problematização da existência de algum dever ou deveres acessórios do avalista, ao lado da obrigação principal – e quando nos referimos aqui a uma obrigação principal não o fazemos enquanto obrigação principal face ao portador da letra, mas tão só enquanto a obrigação principal abstracta de um avalista em

lógica do mesmo a imperatividade do protesto para ser accionado o avalista do aceitante. Concordam estes autores que não faz sentido o protesto contra o aceitante na medida em que, tendo este aceite o pagamento em determinada data, e sendo que o protesto tem uma função marcadamente de comunicação, ele melhor do que ninguém saberá que não pagou a letra na data prevista, não precisando de ser avisado desse facto[49]. Porém, relativamente ao avalista do aceitante a posição adoptada já não é a da desnecessidade do protesto.

Assim, partindo do entendimento que o avalista garante o cumprimento pontual da letra, estes autores equiparam-no a qualquer outro obrigado de regresso, responsabilizando-o, com base na interpretação literal do art. 53.º da LULL, apenas quando o portador comprove a recusa do pagamento pelo meio adequado ao efeito, o protesto[50]. Para estes autores, o protesto é então pressuposto da responsabilidade do avalista do aceitante, posição que, embora solitária na Doutrina, não deixa de suscitar algumas questões relevantes, às quais voltaremos quando procedermos a uma análise global de toda esta problemática.

3.3 Conclusões

Será então, em face da própria esquematização deste trabalho, útil nesta altura proceder a uma curtíssima síntese das teorias em apreço, nomeadamente para nos permitir assentar algumas ideias.

Assim, por um lado temos a posição dominante que entende a figura do avalista como um garante pessoal da própria obrigação, nos

---

relação ao título de crédito em si mesmo, ou seja, o pagamento do mesmo em caso de incumprimento pelo obrigado principal, v.g. no caso em questão, o aceitante -, pensamos que a nível de interesse prático, esta questão assumirá diminuta relevância para as questões sobre as quais ora nos debruçamos. Porém, ainda assim estamos em crer que esta noção de deveres acessórios do aval poderá vir a assumir uma posição de algum relevo nomeadamente a nível da responsabilização do avalista, pelo que adiante a ela retornaremos.

[49] obra cit., pág. 100

[50] obra cit., pág. 101

mesmos termos que o obrigado principal. Para estes, na medida em que o avalista responderá nos mesmos termos e estará sujeito aos mesmos efeitos que o aceitante, o protesto torna-se desnecessário para se poder accionar judicialmente aquele dado a estreita relação jurídica existente entre si e o avalista[51].

Por outro lado, a posição minoritária da nossa Doutrina entende que o que é avalizado ou garantido pelo avalista não é a obrigação do aceitante mas sim o cumprimento pontual da letra. Partindo desta ideia, temos que o aval não cria, para estes autores, uma identificação de obrigações, motivo pelo qual o avalista surge apenas como um obrigado indirecto do cumprimento da obrigação do aceitante. E neste caso, só provando-se o não cumprimento pelo aceitante por meio do protesto é que se poderá exigir o mesmo ao avalista porque este responde na mesma medida em que responde qualquer dos outros co-obrigados cambiários.

Como nota final a este capítulo, e sendo certo que esta posição é minoritária em Portugal, é de realçar que também o é no estrangeiro, onde a tese da desnecessidade do protesto contra o avalista colhe aceitação quase plena da Doutrina, como se pode comprovar nomeadamente através de João Eunápio Borges, *in* "Do Aval", Ed. Forense, cuja opinião nos merece destaque.

Assim, defende este autor que "uma vez que a obrigação do avalista é equiparada à do avalizado, está claro que não é a mesma que esta, mas uma outra, diferente na sua essência, embora idêntica nos seus efeitos. O avalista obriga-se de um modo diverso mas responde da mesma maneira que o avalizado, sendo neste sentido que se diz que o aval corresponde a um novo saque, um novo aceite, um novo endosso, segundo a posição que ocupa na letra de câmbio. Em virtude desta dupla situação, por um lado, a falsidade, a inexistência ou a nulidade da obrigação do avalizado não afecta a obrigação do avalista, não

---

[51] Um questão muito interessante é a ligação física entre avalista e aceitante, tal como referido *supra*. A este ponto voltaremos adiante, chamando novamente a atenção para a necessidade de entendermos o avalista e o aceitante sempre como pessoas distintas juridicamente mas não obrigatoriamente a nível físico.

aproveitando a este nenhuma das defesas pessoais, directas ou indirectas, que àquele possam legitimamente competir; por outro lado, o avalista obriga-se apenas como o avalizado, e nos mesmos termos que este, e, por isso, quando garante ao endossante (...) libera-se com a falta do protesto; quando porém, garante ao sacador ou ao aceitante, não lhe aproveita a omissão do protesto"

4. PROBLEMATIZAÇÃO E POSIÇÃO ADOPTADA

Tendo sido feita uma cuidada análise dos pontos de vista acima expostos, cremos estar agora em condições de tomar uma posição relativamente a toda esta problemática.

Para esse efeito, vamos seguir a mesma linha de raciocínio que tem vindo a ser seguida em toda a exposição, procurando sempre não perder de vista um fio condutor central, evitando dessa forma a dispersão de ideias natural em matérias tão ricas e diversificadas como as presentes.

4.1 A relevância do aceite

No entanto, e tal como referido aquando da introdução ao presente estudo, todas as questões a que se procura dar resposta tem por base a ideia de uma letra já aceite, motivo pelo qual se nos afigura útil algumas considerações acerca deste instituto na medida em que a sua existência ou não na circulação cambiária determina conclusões bastante distintas.

O aceite consiste numa declaração unilateral do sacado pela qual este assume o cumprimento da obrigação cartular. Anteriormente ao aceite, não existe qualquer responsabilidade do sacado, salvo a eventual responsabilidade deste por violação de um acordo extra-cartular de aceite da letra.

Por outras palavras, até ao aceite, tudo se passa como se verdadeiramente apenas o sacador tivesse intervenção no título. De facto, imaginemos até que seria o sacador a preencher o título, inclusivamente a determinar um sacado, valor e data de vencimento do mesmo.

Assim, e dado que os títulos de câmbio são verdadeiras obrigações, terá necessariamente, aquele que aparece no título como obrigado, que reconhecer a validade dessa mesma obrigação.

Ora, esse reconhecimento dá-se pelo aceite, nos termos dos artigos 21.º a 29.º da LULL.

O sacado, agora já aceitante, anui a pagar, na data do vencimento, a quantia mencionada no título, constituindo-se pelo aceite como responsável por esse pagamento. No fundo, podemos estabelecer aqui o paralelismo entre o regime dos títulos cambiários, nomeadamente da letra de câmbio, e o regime da formação dos contratos previsto nos artigos 217.º e seguintes do Código Civil.

De facto, tal como na formação dos contratos, a perfeição da obrigação assumida no título cambiário só se atinge com a sua aceitação por parte do obrigado. Só nesse momento verdadeiramente se constitui a obrigação deste a nível cartular.

Então, será forçoso reconhecer que, não existindo aceite, o sacado, face ao título, "não é seu signatário e, consequentemente, é vedado ao portador demandá-lo em juízo pelo facto do seu não pagamento"[52].

Ora, partindo deste princípio, podemos então desde logo inferir que, não sendo o sacado interveniente cambiário, não será possível a existência de um aval a seu favor.

De facto, o aval terá de indicar a favor de quem é dado, sob pena de ser considerado a favor do sacador (art. 31.º da LULL). Ora, anteriormente ao aceite, não fará sentido sequer falar em aval pelo aceitante – como é óbvio –, embora estejamos em crer que nada impeça a existência de um aval a favor do sacado.

Porém, e tal como referimos, as consequências de um e de outro tipo de aval quanto à classificação jurídica do avalado são totalmente distintas. Senão vejamos.

Se a letra foi aceite pelo sacado, e como tal constitui-se validamente a obrigação cartular daquele, a eventual existência de uma aval a favor do aceitante não levanta qualquer tipo de problemas.

De facto, nesse caso o avalista dá o seu aval por conta de uma obrigação validamente constituída, sendo dessa forma o seu aval também ele válido *ab initio*.

---

[52] Pires Cardoso, obra cit., pág. 287

Porém, imaginemos que o aval é dado enquanto a letra não foi ainda aceite, ou seja, por conta do sacado. Em princípio poderá parecer estranho admitir esta situação na medida em que se permitiria a constituição de uma obrigação condicional, sujeita à posterior intervenção do sacado no título por via do aceite. De facto, teríamos uma situação na qual o avalista daria o seu aval por conta do sacado, mas tal parece-nos possível na medida em que este já se encontre perfeitamente identificado[53].

Ora, assim sendo, em caso de aceite pelo sacado, constitui-se a obrigação deste, e convalida-se a do avalista que passa a ficar validamente obrigado perante o portador.

Por outro lado, se o sacado nunca chegar a aceitar a letra, verdadeiramente a sua responsabilidade cartular nunca se chegou a constituir, motivo pelo qual não fará sentido algum a existência do aval. De facto, este é dado condicionalmente. Ora, neste caso a condição não é cumprida, motivo pelo qual deverá a concessão do aval caducar.

Outra solução seria a de considerar que o aval deixaria de ser dado a favor do sacado e, nesses termos, aplicar-lhe o regime do art. 31.º da LULL, considerando-o a favor do sacador.

Porém, tal parece-nos contrário a um princípio de liberdade negocial na medida em que o avalista claramente quis beneficiar determinada pessoa por ele indicada, para passar a beneficiar uma outra.

Embora aceitemos tal solução sem reservas a nível da falta de indicação originária do avalado, e mesmo neste caso admitindo a prova em contrário, no caso em que este avalado está claramente identificado, não nos parece de aplicar o regime do art. 31.º, mas sim considerar a condição como não verificada e o aval como tendo caducado devido a esse facto.

---

[53] Uma questão interessante seria determinar se será possível ser dado o aval por conta do sacado sem que este esteja ainda determinado. Sem nos queremos alongar, quedamo-nos por referir que não é possível, à luz do actual Direito português, a constituição de obrigações a favor de pessoas totalmente indeterminadas. Será porém possível a favor de pessoas determináveis, pelo que, não nos choca admitir que seja dado um aval a favor do sacado, condicionado à sua identidade, ou seja, sendo este um indivíduos à partida referenciados pelo avalista como possíveis avalados, condições essas que terão de ser acordadas entre o futuro avalista e o futuro sacador.

Assim, pelo exposto, podemos verificar que só fará sentido falar em avalista quando reportado ao aceitante. Estamos em crer que a intervenção do avalista é como que dependente da existência de um aceitante, pelo que a análise que será efectuada neste estudo partirá obviamente de uma situação de aval por conta do aceitante.

4.2 Do aval e sua natureza

4.2.1 *O aval-fiança. Crítica*

Parece-nos claro antes de mais que a teoria do aval-fiança não poderia proceder na medida em que, como acima ficou exposto, o regime da fiança seria incompatível com a lei que regula as obrigações cambiárias.

De facto, embora as figuras aparentemente se assemelhem, a invalidade prevista no art. 632.º do Código Civil não se coaduna com a manutenção do aval prevista no art. 32.º da LULL. Por outro lado, parece-nos igualmente relevante a possibilidade que o fiador tem de, segundo o disposto no art. 638.º do Código Civil, beneficiar de excussão prévia face ao devedor.

Com efeito, temos que de acordo com o disposto no art. 47.º da LULL, em sede de regresso, pode ser exigido ao avalista o cumprimento da obrigação do aceitante sem que porém este possa de alguma forma obstar a tal cumprimento com base na não execução anterior do património deste último.

Então, pelos argumentos expostos, teríamos de nos afastar necessariamente da ideia de um aval-fiança.

Mais se diga que, tal como afirma Paulo Sendin[54], estamos em crer que estes resquícios da teoria do aval-fiança estão marcados obviamente pela Doutrina vigente anteriormente à entrada em vigor da LULL (*vide* por exemplo Sá Carneiro), na qual esta ideia nem chegava a ser contestada, sendo admitida como absoluta.

---

[54] Obra cit., pp. 27 e ss.

No entanto, não nos parece que esta posição seja minimamente defensável, não só pelos motivos expostos, mas também porque de certo modo se recusa a evoluir, acompanhando desse modo a própria evolução jurídica e também prática que caracterizam a natureza dinâmica do Direito.

4.2.2 *O aval como garantia primária. Crítica e posição adoptada; a acessoriedade e subsidiariedade do aval*

Mas sendo assim, será de aceitar a teoria que defende que o aval consubstancia uma garantia primária do cumprimento da obrigação principal? Ou devemos por outro lado defender a tese da garantia do mero pagamento pontual da letra?

Estamos em crer, após análise dos argumentos em questão, que esta segunda via se apresenta como mais acertada.

De facto, embora estejamos a falar de garantia primária do cumprimento da obrigação principal, nomeadamente como defende a Doutrina dominante, tendo já esta grandemente abandonado a anterior teoria do aval-fiança, não nos parece, com o devido respeito, que a nova solução propugnada seja mais adequada à realidade prática do que a anterior.

Antes, estamos em crer que esta teorização de um verdadeiro aval-garantia, como o define Paulo Sendin, não passa de uma verdadeira fuga para a frente da Doutrina, procurando evitar a utilização do termo "fiança", muito devido à excessiva polémica que começou a envolver o mesmo nesta matéria, mas mantendo na sua substância uma grande identidade de conceitos e muito principalmente de efeitos derivados. Por outras palavras, como que se substitui o termo fiança por garantia, conduzindo no entanto a resultados semelhantes.

No entanto, não nos quedaremos aqui por esta mera crítica de cariz histórico e etimológico. Antes, procuraremos fazer a crítica com uma base prática, voltada essencialmente para uma avaliação finalística sobre os efeitos resultantes da aplicação das diferentes teses em confronto, procurando assim tomar partido pela solução que se nos afigure como mais adaptada à nossa realidade e essencialmente mais justa.

Vejamos então.

Não levanta qualquer dúvida que o aval seja uma garantia. Nesse sentido basta interpretar literalmente o disposto no art. 30.º da LULL, sendo que a questão põe-se é em saber qual o conteúdo dessa garantia. Será uma garantia incondicional?

Não nos parece.

Não será uma fiança como dito. Aqui sim, salvo uma ressalva expressa por via de concessão do benefício de excussão prévia, poderia o credor/portador da letra dirigir-se desde logo ao fiador/avalista.

Ora, estamos em crer que este não é, nem foi alguma vez o espírito por detrás do regime dos títulos de crédito.

Com efeito, pensamos que um dos principais problemas ou defeitos, ressalvado o devido respeito, das análises até hoje efectuadas ao regime dos títulos cambiários é um certo afastamento da realidade concreta, pugnando-se antes por uma construção demasiado teórica e dogmática em volta deste regime, que em nada beneficia a clareza e certeza que sempre devem nortear o Direito.

Mas, não nos alonguemos aqui em considerações deste tipo. O que se procura agora determinar é que tipo de garantia é consubstanciada pelo aval.

A ser uma garantia primária como defendido maioritariamente em Portugal o avalista tornar-se-ia um obrigado principal e directo face ao credor, respondendo nos mesmos termos que o devedor originário. Esta solução não choca, sendo inclusive a solução prevista para a fiança.

De facto, estamos no domínio da autonomia privada e a nosso ver nada impede que determinado indivíduo venha "juntar-se" a outro na sua responsabilidade perante um terceiro. Admitimos que muitas serão as razões ponderosas que o levarão a tal acto[55], sendo certo que ao praticá-lo, há uma clara intenção de se solidarizar com alguém face a

---

[55] Vejamos por exemplo o caso em que determinada pessoa está em dívida para com alguém e intervém como fiador deste de modo a eventualmente operar uma compensação de créditos. Ou até mesmo casos de fianças dadas por favor como entre pais e filhos, etc.

determinada dívida, tornando-se igualmente responsável directo pela mesma.

Porém, esta responsabilidade é condicionada como acima referimos pela própria subsistência da obrigação originária, do devedor originário. Se esta for nula, também a responsabilidade daquele que a assume enquanto fiador desaparece, solução que na nossa opinião está carregada de justiça.

Ora, neste ponto é necessário fazer a ponte para a Doutrina tradicionalista quanto às letras. A admitirmos como válida a teoria da obrigação directa do avalista pela dívida, estamos claramente a colocá--lo ao lado do aceitante quanto aos efeitos jurídicos que se produzem na esfera deste último e se repercutem na daquele. E que sentido fará isto? Senão vejamos. Ao equiparar avalista e aceitante, pretende-se a referida repercussão dos efeitos jurídicos deste na esfera daquele de forma a poder alegar-se que a falta de protesto face a um tem os mesmos efeitos face ao outro. No fundo procura-se um alargamento do âmbito de responsabilização directa prevista no art. 53.º da LULL.

Mas não nos poderá merecer qualquer mérito esta construção, antes de mais por demasiado injusta.

A ser assim criamos uma situação em que o avalista se coloca voluntariamente ao lado do aceitante a responsabilizar-se por determinada dívida, o que como dito não repugna de modo algum. Mas, ao contrário do que acontece na fiança, a invalidade dessa dívida não aproveita ao avalista, cuja obrigação se mantém mesmo em caso de nulidade da obrigação do aceitante. E isto levanta desde logo duas questões.

Por um lado, não nos parece minimamente sensato admitir que o legislador previu uma situação de solidariedade "imprópria" como defendido pela Doutrina, em que os "benefícios" (neste caso a nulidade do negócio causal) de um dos co-obrigados não aproveitam aos outros. De facto, a acessoriedade a que se refere o art. 32.º da LULL está, na nossa opinião, muito mais voltada para uma situação de subsidiariedade do que para uma de solidariedade, como adiante se verá.

Porém, parece desde já útil referir que o facto de a lei prever a manutenção da obrigação do avalista em caso de nulidade não é obstáculo ao entendimento por que aqui se pugna. De facto, estando em causa uma obrigação autónoma do avalista face ao credor, fará sentido que a mesma se mantenha, sendo igualmente esse o espírito que marca a abstracção dos títulos de crédito. E não obsta ao que se disse o admitir que a obrigação do avalista é paralela, como que corre ao lado da do aceitante, assumindo uma função de garantia não da obrigação daquele, mas sim do cumprimento da obrigação expressa abstractamente pelo título de crédito[56].

Tal justifica a sua manutenção após a nulidade da "obrigação principal", e permite claramente que a responsabilidade do avalista se demarque da do aceitante porquanto independentes logo à "nascença".

Assim, seria forçoso admitir que o avalista surgiria apenas como mais um dos co-obrigados de regresso, respondendo nos mesmo termos em que todos os restantes, e cuja responsabilidade estaria dependente dos mesmos pressupostos de que depende a responsabilidade dos restantes.

Porém, a estas considerações voltaremos adiante. É de reter somente que o avalista é, por acordo com a letra da lei, um garante do título, mormente da obrigação expressa neste, e não um garante da obrigação do seu avalizado nos mesmos termos em que este o será.

Por outro lado, também nos parece ilógico admitir que os efeitos da nulidade da relação principal subjacente ao título não aproveitem ao avalista (o que fará todo o sentido face à autonomia das obrigações de avalista e aceitante, sempre de acordo com um princípio de relatividade da produção de efeitos jurídicos *inter partes*), sendo certo que nesse caso seriam favoráveis a este, mas que por outro lado os efeitos considerados prejudiciais para si (como a desnecessidade do protesto contra o aceitante) já produziriam efeitos na sua esfera.

Ora, teríamos aqui uma produção de efeitos "seleccionada", em que só os que fossem desfavoráveis ao avalista é que se repercutiriam

---

[56] Com efeito, e fazendo apelo aqui a um argumento de natureza etimológica, temos que a expressão aval surge do árabe *hawala*, tendo sido introduzido na Europa pela língua italiana, através da expressão *avallo* e finalmente pelo francês *aval* ou *faire valoir*, que significa fazer valer, nomeadamente a letra não paga. Por aqui se depreende que o próprio sentido da expressão indica que a garantia é dada sobre a obrigação expressa no título, não sobre qualquer dos intervenientes

na sua esfera jurídica, situação que, salvo o devido respeito, é de repudiar por manifestamente injusta.

Mas, esta questão dos efeitos "favoráveis" ao avalista não se esgota por aqui, sendo que, indo um pouco adiante na mesma, podemos desenvolver um pouco mais a problemática das relações causais que estão por detrás do título, e seus efeitos.

Assim, não se discorda de forma alguma que o título cambiário expressa um valor independente da relação que está na sua base. O título cambiário é abstracto, como se de numerário se tratasse na medida em que serve como forma de pagamento mas não "revela" o negócio na base.

Porém, por diversas vezes surge a questão de necessidade de análise da relação subjacente ao título, mormente em casos de excepção de não cumprimento. Tomemos um exemplo.

Se determinado indivíduo compra mercadorias a outro e posteriormente saca uma letra para garantia do pagamento das mesmas, essa letra passa a valer por si, independentemente do negócio-base. No entanto, como se sabe, os negócios jurídicos podem ser alvo de diversas vicissitudes, v.g. o incumprimento pelas partes, o que leva a Doutrina e a Jurisprudência a aceitarem claramente a possibilidade de entre os contratantes se fazerem valer as excepções pessoais, mormente a excepção de não cumprimento.

Ora, imaginemos que o vendedor não entrega as mercadorias mas ainda assim se apresenta para receber, o que validamente é recusado pelo aceitante com base na excepção de não cumprimento. Será que esta excepção aproveita ao seu avalista?

A Doutrina e a lei (art. 17.º da LULL) entendem que não, motivo pelo qual, ou se entende, como acima dito, que novamente se procurou apenas lesar o avalista, privando-o de se socorrer de todos os meios de defesa ao alcance do aceitante (situação para nós inaceitável), ou se admite que esta previsão legal apenas constata uma evidência, a autonomia das relações em questão, o que mais reforçará a nossa posição quanto à natureza do aval.

Ora, pelo exposto, temos como certo, e antecipando um pouco a uma opinião posterior, que a ser obrigatório o protesto contra o avalista, nenhum destes problemas se colocaria, numa demonstração de clareza e certeza jurídicas por que tanto se pugna.

Deste modo, o aval consubstancia-se numa verdadeira garantia de cumprimento de determinada obrigação, garantia essa que reveste uma natureza acessória face à obrigação do aceitante, ou "obrigação principal", e que é marcada intimamente pela subsidiariedade face a esta na medida em que se destina a responder apenas no caso de não pagamento pelo sacado[57].

O avalista vem juntar o seu património à garantia de cumprimento de determinada obrigação consubstanciada por um título de crédito, não assumir directa e inicialmente uma dívida perante o portador[58].

É este o sentido que entendemos dever ser dado à acessoriedade e subsidiariedade do aval referidas no art. 32.º da LULL, sendo de rejeitar liminarmente qualquer responsabilização solidária e imediata do avalista na medida em que ele não se apresenta, como vimos, na posição de um obrigado principal como são o sacado ou o aceitante.

Mas parece-nos que será pertinente ir um pouco mais além na análise desta conclusão, nomeadamente tomando em consideração a questão relativa à limitação da responsabilidade do avalista.

Com efeito, esta possibilidade de limitação de responsabilidade é no nosso entendimento um dos principais argumentos a favor da autonomia do avalista face ao aceitante. Vejamos.

Á partida, o avalista deverá responder nos mesmo termos que o aceitante (art. 32.º da LULL), o que implicará uma certa "identidade" entre as obrigações de ambos perante o portador da letra na medida em que a sua responsabilidade será também ela idêntica[59].

---

[57] Ao contrário da fiança que, como referimos, permite que o credor se dirija desde logo ao fiador para pagamento de determinada dívida

[58] Quanto à identidade do portador, será de notar que esta será muitas vezes desconhecida do avalista – e também do próprio aceitante –, o que, como veremos quando se proceder à análise do instituto do protesto, levanta uma questão interessante

[59] O que fará todo o sentido dado estarmos em presença de uma garantia destinada, em princípio, a responder pela falta de cumprimento, mormente efectuando esse mesmo na sua íntegra, sem prejuízo da possibilidade de ser dado um aval parcial

Mas, pela própria natureza dos títulos de câmbio, estes permitem um elevado grau de indefinição relativamente às obrigações que consubstanciam. Tomemos por exemplo o caso das letras em branco, sem prejuízo do que mais adiante se dirá em respeito às mesmas.

Nestes títulos, o montante a ser liquidado no vencimento não se encontra preenchido aquando do saque, destinando-se a sê-lo posteriormente, normalmente em observância dos acordos extra-cartulares de preenchimento existentes. E associado a este facto, a própria data de vencimento é muitas vezes indeterminada, pelo que, em bom rigor, podemos admitir que este tipo de letras, sem prejuízo dos acordos de preenchimento existentes, são como que verdadeiras assunções ilimitadas de dívida[60].

No fundo, o ponto ao qual se pretende chegar é que, sendo que o quantitativo da dívida é indeterminado e, nos casos que agora nos interessam, pode apresentar-se como tendencialmente ilimitado, o que, associado ao facto de esse quantitativo estar dependente apenas da actividade do aceitante (por exemplo no caso de este continuar a efectuar operações de crédito com o portador ao abrigo do título), tal leva a concluir que será por vezes intolerável que o avalista continue a assegurar o cumprimento de determinada dívida porquanto se torne insustentável para si face ao inicialmente previsto.

Assim, será que existe alguma possibilidade de o avalista se exonerar da responsabilidade? Estamos em crer que sim mas com reservas.

O avalista assumiu o compromisso de responder em caso de incumprimento do aceitante, logo, não parece lógico admitir que ele se exima totalmente da sua responsabilidade na medida em que isso consubstanciaria uma redução substancial das garantias do portador, situação que se nos afigura como inaceitável. No entanto, com isto não se pretende afirmar que o avalista fica obrigado para sempre, que a sua obrigação seja de duração ilimitada.

---

[60] Imaginemos por exemplo que o título é preenchido abusivamente e endossado a um terceiro de boa-fé. Neste caso, o avalista não pode recusar o seu pagamento, pelo que o risco deste tipo de títulos será elevadíssimo

De facto, entendemos que não seria razoável admitir esta hipótese por demasiado injusta[61], estando à partida de acordo com a Doutrina[62] que admite que poderá o avalista proceder à exoneração com efeitos *ex nunc* da sua responsabilidade mediante comunicação ao portador desse facto.

Assim, a partir dessa comunicação, o portador da letra tem conhecimento que o avalista não se responsabilizará por dívidas futuras do aceitante. O portador fica assim com a sua posição garantida na medida em que pode decidir solicitar ao aceitante novos garantes ou em caso de recusa deste, não aceitar o avolumar da dívida[63].

Ora, tomemos como base um exemplo. Se na data da referida comunicação está em dívida a quantia de 5.000 Euros, e na data do vencimento a dívida ascende a 10.000 Euros, sendo que o avalista só responde até àquele primeiro valor, é forçoso admitir que as relações entre avalista/portador e aceitante/portador são distintas e autónomas. A relação avalista/portador como que estagna no momento da comunicação de desresponsabilização, enquanto a do aceitante continua a desenvolver-se no tempo.

No fundo, há uma denúncia da garantia face a dívidas futuras, situação que, a ser admitida, como fazemos, melhor se ajusta a uma equilibrada consideração dos interesses em jogo (avalista e portador) porquanto todos salvaguardados.

Por outro lado, não nos parece que se possa dizer que se aceitar esta denúncia da garantia seja violar o princípio da irrevogabilidade do aval.

De facto, estamos em crer que este princípio destina-se fundamentalmente a evitar a perda das garantias por parte do portador da letra. Ora, se com a referida denúncia de procura apenas produzir

---

[61] Vejamos por exemplo o caso em que alguém avaliza a título pessoal uma sociedade em que é gerente e posteriormente cessa as suas funções na relação com a sociedade, quebrando desse modo a justificação por detrás do aval

[62] Nomeadamente Evaristo Mendes, *in* "Aval e fiança gerais", http://planeta.clix.pt/emendes/aval.html

[63] E nesta situação o avalista está ainda obrigado pelo total do empréstimo até à data pelo que o portador não ficou prejudicado nos seus direitos

efeitos para o futuro, temos que fica assegurada ou garantida a dívida existente à data, pelo que o portador não vê as suas garantias reduzidas[64].

Quanto ao futuro, mormente a dívidas futuras, temos como assente, tal como referido, que o portador deverá, se no seu interesse, solicitar novos garantes ao aceitante, sendo que se não o fizer, age por sua conta e ciente dos riscos inerentes às novas dívidas contraídas pelo aceitante.

Sucede porém que, embora acreditemos que esta solução se apresenta como a mais justa em face dos interesses de todas as partes, ela não poderá proceder sem mais.

De facto, tal como refere Evaristo Mendes, "o exercício deste direito de desvinculação está sujeito aos limites gerais impostos designadamente pelo sentido da garantia e pelo princípio da boa fé (sendo ilícito, nomeadamente, o exercício intempestivo ou contrário ao carácter «duradouro» da garantia, que pressupõe uma duração mínima, variável consoante as circunstâncias)".

Assim, e embora contrário a um fio condutor de certeza e segurança jurídica[65], defendemos, seguindo o citado autor, que este poder de desvinculação do avalista deverá sempre seguir os limites razoáveis da boa fé, procurando ajustar-se à protecção equitativa dos interesses em conflito. Temos noção da incerteza que esta solução gera mas, em face das óbvias vantagens que a mesma encerra, não podemos deixar de ser partidários da mesma.

Como conclusão, será então de admitir que, o reconhecimento da possibilidade de desvinculação do avalista levará a admitir que existe uma clara autonomia jurídica entre este e o aceitante, o que em nosso ver será um argumento contrário à tese da identidade e solidariedade

---

[64] Não há assim uma revogação do aval, mas tão só a denúncia atípica deste, decorrente da interpretação do regime cambiário e dos princípios gerais do ordenamento jurídico português, nomeadamente o evitar da criação de vínculos tendencialmente perpétuos e como tal contrários à ordem pública e aos bons costumes

[65] Mormente porque leva à necessidade de averiguação *in casu* dos circunstancialismos de que o mesmo se reveste de forma a poder ser feita a adequada composição do s interesses em conflito

jurídica entre avalista e aceitante no que diz respeito à produção de efeitos jurídicos entre estes, tal como defendido pela maioria da Doutrina.

E será igualmente partido desta ideia de autonomia, quer seja física, quer seja jurídica, entre avalista e aceitante, bem como das obrigações assumidas por cada um destes em relação ao portador[66], que será importante focar a questão da novação.

A novação, de acordo com o art. 857.º e o art. 858.º do Código Civil, consiste numa contracção de uma nova obrigação em substituição de outra já existente.

Esta novação pode ser objectiva ou subjectiva consoante se mantenham ou se alterem as partes em questão[67], sendo que para os efeitos que ora nos interessam, teremos especial atenção à novação objectiva prevista no art. 857.º.

Assim, aplicando a ideia da novação aos títulos de crédito, nomeadamente às letras de câmbio, coloca-se a questão determinar se poderá ou não ser admitida a aplicabilidade deste regime a estas, nomeadamente aquando do processo de reforma de uma letra, ou seja, o saque de nova letra em substituição da anterior.

Com base numa sucinta análise Jurisprudencial, temos que, salvo raras excepções, os nossos Tribunais entendem que a reforma dos títulos de crédito não será uma verdadeira novação na medida em que a obrigação expressa será a mesma em ambos os títulos, o que reforma e o reformado.

Porém, há alguns casos pontuais nos quais foi entendido a nível Jurisprudencial que esta substituição extra-judicial de um título cartular por outro, nomeadamente por via da reforma da letra, importava uma verdadeira novação objectiva nos termos do art. 857.º do Código Civil[68].

Temos então que a questão não se afigura de todo pacífica, motivo pelo qual será útil decompor um pouco a mesma de modo a determinar-

---

[66] Tal como já anteriormente referimos, haverá total autonomia e independência das obrigações em questão

[67] Nomeadamente na novação subjectiva existirá uma alteração da identidade do credor ou do devedor, que assumem perante a outra parte uma nova obrigação

[68] Acórdão da Relação de Lisboa, de 21 de Abril de 1981, BMJ, 311.º – 427

mos qual das posições em questão será mais adequada à realidade prática.

Assim, tomemos por base um pequeno exemplo.

É sacada uma letra pelo valor de € 1000, na qual intervêm um sacado e um sacador, tendo a letra sido aceite e também avalizada por um terceiro.

Na data de vencimento, em face da impossibilidade de pagamento, o portador acorda com o aceitante a reforma do título, nas mesmas condições, mas com o vencimento diferido para ulterior momento. *Quid Iuris?*

Haverá ou não aqui uma novação objectiva nos termos do referido art. 857.º?

Partindo do princípio por nós defendido que a letra constitui – e já assim o é desde o Código Comercial de 1888 conforme atrás referido – uma verdadeira obrigação autónoma, e como tal independente das relações causais que determinaram o seu saque, temos que afirmar que tal letra terá como que "vida própria", independente da motivação na sua origem.

Ora, se cada letra exprime uma obrigação autónoma, é forçoso admitir que cada letra será igualmente autónoma perante todas as demais, e isto mesmo no caso de estarem em causa uma série de letras, todas elas destinadas a titular uma de diversas prestações acordadas. Neste caso, cada prestação consubstanciada em cada uma das letras assume, a nível cartular, natureza autónoma face às demais.

Assim, partindo da autonomia das letras entre si, decorre igualmente que uma nova letra, derivada de uma operação de reforma, terá necessariamente de exprimir uma obrigação distinta da obrigação expressa pela letra reformada. De facto, a própria abstracção dos títulos de crédito a isso obriga.

Porém, esta questão levanta desde logo um problema de índole prática, ao qual importa dar resposta: a concorrência da letra reformada e da letra reformadora.

Sendo obrigações autónomas, e independentes, a reforma de uma letra poderia levar a situações em que o aceitante veria duplicada a sua responsabilidade porquanto a anterior letra continuaria em vigor. Essa é a consequência legal prevista pelo art. 859.º do Código Civil.

Se as partes não manifestarem claramente a intenção de substituir a obrigação antiga, e se proceder ao saque de nova letra, entendemos que ficará então o aceitante vinculado por ambas.

Por muito que esta solução possa parecer injusta, na realidade ela é a que mais se adapta à abstracção das letras na medida em que esta característica impede, na nossa opinião, a presunção da substituição.

A nova letra valerá objectivamente por si e devido à sua abstracção não se poderá inferir da sua existência que na base do seu aparecimento esteve a substituição de uma outra obrigação[69].

Chegados a esta conclusão, temos então que determinar qual será a posição do avalista, nomeadamente da garantia por este dada sobre a letra reformada.

Parece-nos, pelo que fica dito, resultar claro que entendemos que, pela natural aplicação do art. 861.º do Código Civil, se for extinta a anterior obrigação pela via da reforma/novação, ficarão igualmente extintas as garantias que asseguravam o seu cumprimento, salvo em caso de reserva expressa do próprio garante.

Por outras palavras, extinta a obrigação inicial do aceitante no exemplo acima dado pela reforma da letra, a obrigação do avalista irá "aproveitar-se" dessa extinção, e ela própria se extinguirá, salvo se o avalista ressalvar expressamente estes casos.

E que não se diga que a defesa desta solução, nomeadamente deste "aproveitamento" por parte do avalista, pode de alguma forma indiciar uma identidade ou dependência entre a obrigação do avalista e do aceitante.

De facto, quando nos referimos ao "aproveitamento" do avalista será porque o portador da letra só reforma a mesma porque assim o quer, prescindindo nesse caso, salvo anterior reserva expressa, das garantias existentes sobre a mesma, nomeadamente o aval.

Não se defende minimamente uma teoria de identidade de obrigações, sendo certo até que, mesmo pela interpretação do art. 861.º do

---

[69] E neste ponto será de criticar a actual prática corrente na medida em que não se proceda à reforma dos títulos sempre de acordo com os termos do art. 859.º do Código Civil, aproveitando-se dessa forma de uma certa inépcia dos restantes intervenientes cambiários nestas matérias

Código Civil, somos levados a defender que as garantias nestes casos terão a sua total autonomia.

Assim, entendemos que o facto de, aquando da reforma de uma letra, se extinguirem todas as garantias existentes, será mais um argumento a favor da autonomia das obrigações do avalista e do aceitante.

A obrigação do aceitante é reformada, a do avalista extingue-se, provando desse modo a sua independência.

E o que dizer quanto aos que defendem a solidariedade por via do disposto no art. 47.º da LULL?

Aqui, quer-nos parecer que a lei não podia ter sido mais clara. Em face do enquadramento do referido artigo no capítulo referente à acção de regresso por falta de pagamento, temos que deverá entender-se que a solidariedade se refere tão-somente a estas situações, sendo ilícito extravasar o entendimento deste artigo para situações anteriores ao protesto.

Com isto não se procura afastar a solidariedade. A responsabilidade solidária já existe *ab initio* mas está condicionada pelo protesto[70]. Só após este essa solidariedade operará, o que forçosamente impõe que se entenda que só em sede de regresso é que se a admite[71].

Pelo exposto, não vemos qualquer razão que justifique um tratamento distinto entre o avalista do aceitante e os restantes avalistas. De facto, estes encontram-se nas mesmas condições[72], o que nos levará

---

[70] Isto porque, como visto, é o protesto que conserva a responsabilidade no caso de recusa de pagamento

[71] A não ser assim, o art. 47.º da LULL ditaria que na data do vencimento, o portador poderia dirigir-se a qualquer dos co-obrigados porquanto todos solidariamente responsáveis, solução que será de rejeitar em absoluto. O portador deverá dirigir-se ao aceitante, e só em caso de recusa deste em pagar, aos restantes obrigados solidários, após o protesto

[72] Ressalvando o caso de sub-rogação no qual o avalista do aceitante, se pagar a dívida, apenas poderá agir contra este enquanto o avalista de qualquer outro obrigado cambiário poderá reclamar o pagamento junto de qualquer um dos demais obrigados perante o seu avalizado (situação que não acontece no caso do aceitante dado ser este o obrigado "último"). No entanto esta diferença é resultante apenas da própria relação derivada da circulação cambiária, não da natureza em si do aval, motivo pelo qual entendemos não bastar para justificar um diferente tratamento entre os diversos avalistas

forçosamente a concluir que qualquer teoria que defenda uma diferente natureza do aval para estes casos (como terá de se admitir que tacitamente o faz a posição doutrinal dominante) se apresentará como infundada e discriminatória.

Estamos em crer que o grande argumento da Doutrina dominante e que permitiria esta separação entre o avalista do aceitante e restantes avalistas passa pelo íntimo conhecimento que aquele teria do não pagamento do título no seu vencimento, motivo pelo qual não seria quanto a si necessário o protesto.

No entanto, sobre estas matérias não nos alongaremos agora, antes remetendo para ulterior momento no qual analisaremos detalhadamente estes casos tomando posição quanto aos mesmos.

4.3 Quanto ao protesto e suas funções

4.3.1 *Função certificativa-publicitária*

Partindo então do exposto, e com base na noção já referida de protesto[73], temos que este será um acto jurídico declarativo destinado a comprovar e dar conhecimento da falta de pagamento de determinado título.

Assim, não levanta dúvidas que as funções principais do protesto são por um lado probatória e por outro "certificativa-publicitária".

De facto, o protesto prova a apresentação atempada ao aceitante da letra a pagamento, servindo igualmente de certificação por um Notário de terem sido efectuadas todas as notificações aos restantes co-obrigados de regresso, dando-lhes conta da sua responsabilidade[74]. O protesto terá assim uma função de pressuposto de exigibilidade do cumprimento da letra vencida e não paga.

Com efeito, mesmo se estiver em causa um aceitante, nada garante que o mesmo efectue o pagamento na data de vencimento do título,

---

[73] Cf. *supra* Pupo Correia

[74] Nomeadamente, e como visto, da conservação da sua responsabilidade

motivo pelo qual a lei expressamente impõe ao portador do mesmo, no art. 38.º I da LULL, a sua apresentação a pagamento no dia de vencimento ou no prazo legalmente previsto para o efeito. E é no seguimento desta imposição que a lei determina, no art. 44.º da LULL, o recurso ao protesto para comprovar formalmente a recusa de pagamento.

Ora, que sentido faria a lei referir-se directamente à recusa de pagamento se não houvesse na base desta referência a necessidade de apresentação a pagamento? De facto, é por demais evidente que só apresentado a pagamento determinado título (ou interpelando nos termos gerais o aceitante) é que o cumprimento do mesmo poderá ser recusado[75].

E aí, fará todo o sentido termos em consideração até a própria noção jurídica de protesto, de arguição contra algo, mormente contra o não pagamento.

De facto, não fará sentido a previsão legal de um instituto certificativo se a certificação a que o mesmo se destina não existe, ou pelo menos não é exigida legalmente.

Nestes casos, seria quase legítimo afirmar que se não houvesse imperatividade da apresentação a pagamento, o protesto a efectuar seria meramente um protesto pela verificação da data de vencimento do título, sem qualquer utilidade prática.

Assim, nesta função de certificação, temos demonstrada a importância e relevo dada pelo legislador ao instituto do protesto.

Com efeito, a certificação é especialmente relevante na medida em que é feita por Notário[76], sendo de assinalar igualmente que a

---

[75] Neste sentido conciliamos o presente entendimento com o art. 53.º da LULL na medida em que este refere-se claramente ao expirar dos prazos para protesto de determinada letra por falta de pagamento, falta esta que terá na sua base obrigatoriamente uma recusa que só se justifica existir na medida em que houve uma apresentação do título a pagamento

[76] O facto de mencionarmos a importância da figura do Notário nesta função certificativa vai para além dos argumentos referidos, mormente relativos à fé pública de que este se encontra dotado. Outra questão sobre a qual nos parece útil debruçarmos, embora a título meramente teórico, é a da própria responsabilização do Notário em matérias relacionadas com o protesto, situação que embora não se coloque em Portugal,

60 *Das Letras: Aval e Protesto*

criação dos Cartórios Notariais de Protesto de Letras é sem dúvida uma demonstração clara da importância que a lei atribui ao instituto, evitando que o mesmo seja um expediente formal de reduzida importância[77].

De acordo com Paulo Sendin, "o avalista assumiu a responsabilidade por uma eventual recusa desse pagamento. Mas uma tal responsabilidade não se constitui com a simples ocorrência desse facto. É necessário que o portador possa prová-la pelo meio de prova admitido na L.U. – o protesto"[78].

---

encontra eco noutros países, pelo que nos parece relevante fazer um afloramento da mesma. Assim, tomemos por exemplo o caso do Brasil. Neste país, também aderente à Convenção de Genebra de 1930, a matéria relativa à efectivação do protesto, coincidente entre nós aos artigos 119.º e seguintes do Código do Notariado, foi regulada pela Lei n.º 9.492/97. Para além dos pressupostos formais do protesto, importa reter que a Lei em questão claramente prevê a responsabilidade civil dos Tabeliães de Protesto (cá em Portugal seriam os Notários) por todos os prejuízos que causarem, por culpa ou dolo. No fundo, procurou-se um meio de responsabilizar os oficiais públicos que, embora no exercício legítimo das suas funções, de algum modo provocassem um dano a um terceiro, nomeadamente danos causados pela publicidade dada ao protesto e inerentes consequências a nível da concessão de crédito pela banca. Estamos em crer que este regime terá indubitavelmente os seus méritos mas não a nível da responsabilização dos Notários. De facto, a validade da questão da responsabilidade por um protesto indevido, como por exemplo em caso de não ter existido uma prévia apresentação do título a pagamento, coloca-se essencialmente a nível do portador que protesta o título, e não do oficial público que não tem de aferir da validade substancial (ex. se houve ou não apresentação) do mesmo. Quanto a estes casos, embora nada se refira na nossa Doutrina ou Jurisprudência, entendemos que os danos provocados ao aceitante por via de um protesto indevido, nomeadamente danos como os já referidos a nível creditício, deverão ser ressarcidos pelo portador ao abrigo da responsabilidade civil prevista no art. 483.º do Código Civil. De facto, há aqui uma violação ilícita de um direito ou interesse legalmente protegido do aceitante: o direito a que o título lhe seja apresentado a pagamento na data do seu vencimento, condição que desde logo, por um argumento lógico, se apresentará como indispensável para que se efectue o protesto pela falta desse mesmo pagamento

[77] E será de entender esta grande relevância na medida em que o protesto se assuma como um verdadeiro pressuposto de responsabilidade dos restantes co--obrigados

[78] obra cit., pág. 102

De facto, não pode ser outro o entendimento na medida em que o art. 44.º da LULL claramente dispõe que a recusa de pagamento deve ser comprovada por um acto formal (protesto por falta de pagamento).

4.3.2 *Função de interpelação*

Somos da opinião que deverá ser ainda considerada uma outra função corrente do protesto, a de interpelação.

Com efeito, entendemos que, sendo certo que o protesto se afigura como necessário à exigibilidade da dívida perante os restantes co-obrigados, podemos inclusive dizer que será por meio deste que deverá ser efectuada a interpelação destes. Assim, dado que a exigibilidade pressupõe a recusa de pagamento pelo aceitante, que tal recusa se comprova por protesto, que tal protesto notifica os restantes co-obrigados da sua responsabilidade, nomeadamente dos termos e montantes da mesma, é lícito defender que o protesto assume uma natureza de verdadeira interpelação extra-judicial.

Quanto à possibilidade de ser efectuada a interpelação por outra via que não o protesto, somos em crer que tal interpelação não trará qualquer vantagem ao portador de um título não pago.

De facto, mesmo que consiga fazer a prova da interpelação, o portador necessitará ainda e sempre do protesto para cobrança judicial da dívida, bem como para fundamentar a exigibilidade perante os outros co-obrigados, ou por outras palavras, só será possível a interpelação desde que tenha sido efectuado o protesto pelo que não faz sentido em interpelar os obrigados de regresso quando a obrigação deles ainda não se consolidou[79].

---

[79] Pelas mesmas razões, estamos em crer que o momento de entrada em mora dos co-obrigados será aquele em que recebem a notificação comprovando o ter sido efectuado o protesto, que servirá então como interpelação para pagamento, adequando-se dessa forma ao regime do art. 805.º do Código Civil.

4.3.3 *Âmbito de aplicação do Protesto: posição do aceitante e do avalista*

Tendo assente as características do protesto, entendemos que será necessário agora ir um pouco mais além e determinar o seu campo de aplicação.

Assim, será conveniente socorrermo-nos aqui, para um melhor entendimento da posição adoptada, de uma das características que marca os títulos de crédito, a sua circulabilidade.

Dado que os títulos expressam abstractamente um determinado valor, independentemente das relações causais que estão na sua base, eles destinam-se, tal como qualquer outra forma de pagamento, a circular no mercado.

Esta circulação levará então a uma "despessoalização" dos títulos na medida em que apenas o aceitante se mantém[80] enquanto obrigado directo pelo mesmo aquando do seu vencimento, entrando nessa altura em relação com um portador que eventualmente desconhece mas que, segundo o previsto na LULL, será presumivelmente o legítimo titular da letra ou livrança.

Esta questão assume ainda maior relevo quando estamos agora em pleno funcionamento da moeda única, facto esse que alargará exponencialmente a circulação dos títulos cambiários pela Europa, aumentando ainda mais esta indeterminabilidade relativamente ao portador final que apresentará a letra a pagamento, questão que como atrás referimos se apresenta na nossa opinião como muito relevante para a tomada de uma posição quanto à necessidade ou não do protesto[81].

---

[80] Não se pretende aqui afirmar que desaparecem os restantes intervenientes, até porque os mesmo serão sempre passíveis de serem responsabilizados de regresso, mas tão só enfatizar o facto de apenas o aceitante ser um dos intervenientes finais garantidos do título, juntamente com o portador do mesmo na data do seu vencimento

[81] A entrada em circulação do Euro reforça a ideia de uma mercado europeu global, no qual a circulação deste tipo de títulos aumentará na medida em que já não envolve as até à data indispensáveis conversões monetárias que se impunham aquando do desconto bancário de letras, conversões essas sempre sujeitas às respectivas taxas bancárias. Os títulos de crédito saem assim do quasi-nacionalismo a que estavam

Nesta exposição chegamos então a uma conclusão fundamental, a possível indeterminabilidade dos intervenientes finais de um título até ao momento do vencimento do mesmo.

E o que se pode dizer mais quanto a este momento de vencimento?

Partindo da solução mais comum em que as letras são pagáveis num dia fixado, temos que há determinabilidade da data de vencimento. Mas e do valor? Em princípio o valor é fixado de antemão, sendo certo que há no entanto que ter em consideração os casos das letras em branco.

Por regra, estas destinam-se a ser preenchidas pelo valor que esteja em dívida na data do vencimento, valor esse que será por regra determinável à partida, aquando do saque. Com efeito, apenas nos casos em que a letra se destina a garantir por exemplo operações sucessivas ou uma abertura de crédito corrente, casos em que, salvo se não forem logo fixados limites para tais operações[82], só será conhecido o montante final aquando do preenchimento do título na data do seu vencimento.

E esta questão é muito relevante na medida em que as letras em branco são frequentes na nossa economia, levando a situações de grande incerteza. Com efeito, nestes casos de indeterminabilidade final do valor a pagar, o mesmo só será conhecido pelo aceitante aquando da apresentação da letra a pagamento[83].

---

votados e passando a ser vistos numa visão macro-económica, numa visão de circulação numa Europa global, o que suscita desde logo duas questões: por um lado, estamos em crer que os títulos de crédito, originariamente destinados essencialmente a garantir obrigações entre nacionais de determinado Estado, assumirão cada vez mais um papel de garantia de obrigações internacionais; por outro lado, esta internacionalização levará a que os argumentos adiante aduzidos quanto à indeterminabilidade de um dos elementos chave da circulação cambiária – v.g. o portador – saia reforçados. cf. *infra* pág. 36

[82] Nestes casos em que existe um montante máximo fixado *a priori*, embora não determinado à partida o valor a pagar, o mesmo será determinável porquanto compreendido *ab initio* entre determinados valores mínimo e máximo

[83] E é aqui que temos que fazer a ligação à prática. Embora o aceitante tenha a obrigação de saber quanto deve, a prática demonstra que por diversas vezes este

Temos assim, quanto ao aceitante, que fixar ideias. Por um lado será comum uma indeterminabilidade do portador, facto esse que justifica plenamente a necessidade de apresentação da letra a pagamento[84]. Por outro lado, a indeterminabilidade do valor impõe igualmente, por uma questão de certeza jurídica, que o título seja apresentado a pagamento, até para o aceitante poder saber quais os montantes em dívida no vencimento[85].

Há ainda que realçar que, mesmo nos casos em que o título não é pagável num dia previamente fixado, todas as considerações ora tecidas se mantêm.

Mais, acresce ainda um argumento de indeterminabilidade do vencimento aos já apresentados.

Com efeito, vejamos por exemplo o caso de letras pagáveis contra apresentação, mormente as letras pagáveis à vista. Neste caso, o vencimento da letra dá-se com a sua apresentação, não estando esta previamente fixada. Assim, podemos facilmente depreender que a incerteza quanto ao dia de apresentação é total, ou pelo menos tendencialmente muito grande[86], motivo que agrava ainda mais a necessidade

---

controlo não existe, sendo que as letras apresentadas a pagamento na data de vencimento são muitas vezes contestadas pelos aceitantes, situação que se comprova pelo elevado número de processos judiciais em que se exige, em sede de embargos, a justificação dos valores exigidos

[84] Com efeito, a prestação deverá, segundo o disposto no art. 772.º do Código Civil, ser efectuada no domicílio do devedor, o que justificará a necessidade de o portador se apresentar para receber. Se o aceitante não sabe a quem deve pagar e se este não se apresenta para receber, o título não cumpre a sua função

[85] A indeterminabilidade não se verificará no entanto se o título tiver sido endossado. Neste caso, o endosso só seria feito se o título exprimisse um determinado valor, o que permite deduzir que, havendo endossos, há determinabilidade de valor mas não de portador. Não havendo endossos há determinabilidade de portador mas talvez não de valor. Deste modo, nunca será possível serem ambos estes elementos indetermináveis cumulativamente.

[86] Isto porque podemos admitir casos em que, embora não seja fixado um determinado dia para a apresentação da letra a pagamento, essa mesma esteja dependente de um determinado facto (por exemplo a entrega de determinado material objecto de compra e venda), sendo que assim já haverá uma certa previsibilidade dessa data

de existir o protesto. De facto, é pelo protesto que o portador consegue a prova da verificação do vencimento da letra. Se a letra só se vence com a apresentação, se essa apresentação não está previamente definida, se o protesto surge como forma de provar a recusa de pagamento no vencimento, será igualmente compreensível que se admita que o protesto serve como prova da interpelação para pagamento após o vencimento, facto esse indispensável à sua exigibilidade.

Tendo por base este entendimento, torna-se mais fácil compreender, sem recurso a grandes construções dogmáticas, a desnecessidade de protesto face ao aceitante tal como prevista no art. 53.º da LULL. Com efeito, sendo certo que deverá ser feita a apresentação a pagamento do título, qual seria o fundamento do protesto face ao aceitante se aquele, como vimos, se destina a dar conta da apresentação e recusa de pagamento. O aceitante sabe que lhe foi apresentado o título. Sabe o valor da dívida. E sabe igualmente que não pagou, motivo pelo qual se mantêm todos os direitos de acção contra si, independentemente de protesto.

E quanto ao avalista do aceitante? Será que procedem os mesmos argumentos?

Estamos em crer que não poderá ser assim, salvo algumas excepções a que faremos referência adiante.

De facto, aceitante e avalista não são a mesma pessoa jurídica, embora possam coincidir fisicamente, tal como já referido. Mas muitas vezes são pessoas singulares ou colectivas distintas, com laços entre si mais ou menos estreitos consoante os casos concretos, o que determina que tenhamos de apreciar separadamente as situações.

Assim, vamos partir dos casos em que o avalista não coincide fisicamente com o aceitante. Ora, salvo os casos a que adiante faremos referência, não será de pressupor que haja entre eles uma relação muito estreita, ao ponto de justificar que o avalista tenha imediato conhecimento de todas as situações que dizem respeito ao aceitante. Assim, não nos parece razoável exigir àquele que saiba ou deixe de saber que o aceitante recusou o pagamento da letra aquando da sua apresentação salvo se o portador conseguir provar tal facto pelo meio adequado ao efeito – o protesto.

De facto, não fará sentido equiparar o avalista ao aceitante porquanto: a obrigação assumida por ambos não coincide, tendo cada uma delas autonomia; não são a mesma pessoa, motivo pelo qual, dado o avalista não ter conhecimento inato do não pagamento do título, não procedem os argumentos utilizados para justificar a desnecessidade de protesto face ao aceitante.

A estes dados temos que acrescentar que a indeterminabilidade de valores acima expressa impõe, por questões de certeza e segurança jurídica, que seja efectuado o protesto, caso em que, através da notificação efectuada ao avalista, se evitará o desconhecimento por parte deste do montante da sua responsabilidade em eventual sede de acção executiva[87] (de facto, não parece de todo razoável admitir que a primeira interpelação que o avalista tem seja a citação judicial, ou até por vezes a penhora dos seus bens).

Por outro lado, e embora nos pareça que esta enunciação de razões relacionadas com a prática judicial basta para demonstrar a irrazoabilidade a que chegamos em face da actual desnecessidade de protesto, estamos em crer que mesmo a nível prático será possível ir um pouco mais adiante.

Imaginemos por exemplo a situação das providências cautelares destinadas a assegurar a existência de garantias patrimoniais indispensáveis à regularização de determinado crédito.

De acordo com o entendimento previsto, por exemplo, no Acórdão da Relação do Porto, datado de 18 de Outubro de 2001, será possível a existência de uma providência cautelar instaurada contra o aceitante

---

[87] Diversas vezes somos confrontados com casos nos quais o portador não efectua o protesto e acciona judicialmente o avalista, sendo certo que tal gera situações em que este nunca chegou a ser interpelado, e vê-se arrastado desprevenidamente para um litígio judicial. Mais, casos há em que por os valores em causa permitirem a imediata nomeação de bens, v.g. as acções sumárias, o avalista pode até ser surpreendido por uma penhora sem sequer ter conhecimento do que se passa, situação que, a nosso ver, se afigura como manifestamente estranha e penalizadora. Mais se diga que acreditamos que, a se feito o protesto, muitas vezes o avalista procederia ao pagamento voluntário da dívida, evitando assim o congestionamento dos nossos Tribunais.

de determinado título de crédito, com vista a conseguir o arresto dos bens daquele, nos termos do art. 619.º e seguintes do Código Civil.

Ora, se atentarmos à fundamentação dada pela Relação do Porto, temos que esta possibilidade advém não da existência de um verdadeiro título executivo – a letra vencida –, mas tão-só da probabilidade de existência de determinado crédito a favor do portador, demonstrável por via do vencimento dos títulos e da respectiva falta de pagamento dos mesmos.

Estamos em crer que sem dúvida alguma, decidiu bem a Relação na medida em que, independentemente do protesto do título, o seu aceitante é sempre obrigado e responsável pela obrigação expressa no mesmo.

De facto, nunca aqui o arresto poderia ser considerada uma solução injusta na medida em que o aceitante tem, tal como se referiu, noção plena de não ter efectuado o pagamento pontual do título.

Porém, aceitando a teoria de solidariedade preconizada pela Doutrina dominante, teríamos obrigatoriamente de chegar à conclusão que, se pelo mero vencimento de determinada letra de câmbio, será possível responsabilizar o aceitante da mesma (obviamente, pelo que já se disse, só após a apresentação a pagamento), interpondo contra este providência cautelar com vista ao arresto dos seus bens, seria igualmente possível semelhante providência contra os bens do seu avalista.

Independentemente do mais que se disse acerca desta questão da solidariedade, estamos em crer que, tal como no caso de acções executivas sumárias, não nos parece minimamente razoável admitir que em primeira linha seja promovido o arresto dos bens do avalista, sem que a sua responsabilidade se tenha chegado a constituir por via do protesto.

De facto, neste caso não opera a presunção de conhecimento do não pagamento a que aludimos *supra* em relação ao aceitante, motivo pelo qual, podemos concluir que não fará sentido algum "surpreender" o avalista com o arresto dos seus bens (ou a penhora consoante os casos).

No entanto, se nestes casos que ora referimos nos parece indispensável, pelos motivos expostos, o protesto como pressuposto da conservação da responsabilidade do avalista, existem igualmente situações em que entendemos que o mesmo seria desnecessário por claramente redundante.

4.3.4 *Presunções legais e dispensa do Protesto*

Assim, vamos agora ver que há casos em que aceitante e avalista serão a mesma pessoa física, embora intervenham em diferentes qualidades jurídicas na circulação cambiária.

Por outro lado, alguma Doutrina refere-se igualmente a situações pontuais nas quais entende ser absolutamente desnecessário o recurso ao protesto para accionar o avalista do aceitante em face da relação existente entre os dois. Vejamos então quais são estes casos.

Quanto à coincidência de avalista e aceitante na mesma pessoa, o exemplo apontado é forçosamente aquele no qual determinado indivíduo aceita uma letra na qualidade de gerente ou administrador de uma sociedade, posteriormente avalizando-a a título pessoal.

Porém, ao lado destes casos surgem outros nos quais, embora não haja coincidência física dos intervenientes, existe uma relação tal entre os mesmos que leva a que se presuma o imediato conhecimento pelo avalista da recusa de pagamento efectuada pelo aceitante. Como exemplos temos então a situação em que um cônjuge é aceitante e o outro avalista, bem como as situações derivadas do domínio total de uma sociedade por outra, sendo uma delas avalista e outra aceitante. No primeiro caso, é inato admitir que, em teoria, os cônjuges têm conhecimento mútuo de situações desta natureza. No segundo caso, por via da fiscalização exercida pela sociedade-mãe à sociedade-afilhada[88], bem como pela própria prestação de contas anual, será de

---

[88] É ainda de notar que esta situação é tanto mais relevante na medida em que, de acordo com o art. 503.º do Código das Sociedades Comerciais, a sociedade dominante tem o direito de dar instruções à sociedade subordinada. Neste caso, poderiam dar-se situações curiosas nas quais seria o próprio avalista a instruir o aceitante a recusar o pagamento, pelo que inerentemente teria conhecimento dessa recusa, motivo pelo qual não faria sentido onerar o portador com o processo de protesto da letra por desnecessário aos seus fins

depreender que também aqui a avalista terá conhecimento da falta de pagamento do título aquando do seu vencimento.

Temos então três situações nas quais cremos ser legítimo admitir a dispensa do protesto quanto ao avalista em face das relações subjacentes às mesmas:

- administrador/gerente – aval a título pessoal;
- cônjuges;
- sociedades em relação de domínio total[89].

Mas estas presunções serão na nossa opinião ilidíveis em face dos condicionalismos de cada caso concreto. Vejamos.

Imaginemos o primeiro caso, em que determinada pessoa é simultaneamente administradora ou gerente de uma sociedade, aceitando uma letra nessa qualidade e depois avalizando-a a título pessoal. Parece legítimo presumir que enquanto administradora ou gerente, tal pessoa saberá que o pagamento não foi efectuado na data de vencimento, motivo pelo qual, devido à coincidência física entre quem aceita em nome da sociedade e do avalista, também saberá, nesta última qualidade, que a letra não foi paga, bem como os montantes e portador legítimo da mesma[90].

No entanto, estamos em crer que esta presunção pode ser afastada nos casos em que a relação física é quebrada, ou seja, em que a pessoa em questão deixa de ser representante ou membro de um órgão da

---

[89] Embora utilizemos como exemplo as sociedades em relação de domínio total, entendemos que também nos casos de mera participação no capital social de uma sociedade por outra estas questões terão a mesma solução, embora somente justificada pelo facto do conhecimento que adquirem ou podem adquirir em virtude do seu direito à informação das situações de não pagamento porquanto investidas da qualidade de sócias

[90] Neste caso, como nos outros que exemplificamos, a indeterminação *supra* referida como argumento para exigir o protesto não fará sentido. A administradora sabe quem é o portador que se apresenta para receber, bem como qual o montante devido. E ao sabê-lo enquanto administradora, também o sabe enquanto avalista, motivo pelo qual seria desnecessário o protesto para lhe dar conhecimento de todas estas informações.

aceitante e avalista ao mesmo tempo. Com efeito, imaginemos que essa pessoa cessa as suas funções na sociedade, sendo ainda indetermináveis todos os elementos acima referidos (portador, montante). Neste caso, a pessoa não saberá, enquanto avalista, se o pagamento foi ou não efectuado, bem como qual o montante em dívida pelo qual será responsável, motivo pelo qual, e remetendo-se agora para o que acima foi dito, entendemos ser nestes casos indispensável o protesto para a exigibilidade do pagamento face ao avalista[91].

Quanto ao segundo caso apontado pela Doutrina, estamos em crer que de facto, em teoria, a relação entre cônjuges, à luz dos deveres previstos pelo Direito Civil, seria de total transparência, motivo pelo qual o cônjuge-avalista teria imediato conhecimento que o cônjuge-aceitante não teria efectuado o pagamento da letra aquando da sua apresentação para esse efeito.

Também aqui não procedem os argumento de indeterminabilidade pois o que um dos cônjuges sabe, o outro também saberá de imediato, justificando assim a desnecessidade do protesto.

Mas, também neste caso se poderá pôr em causa esta presunção. Com efeito, imaginemos que os cônjuges se divorciam. Neste caso não parece ser legítimo admitir que mantenham entre eles um estreito contacto (o que no entanto se admite consoante os casos concretos, motivo pelo qual a pressuposição é no sentido de desnecessidade do protesto), o que assim justificaria que, afastados os motivos que determinavam a desnecessidade do protesto face ao avalista, este tenha de ser efectuado nos termos gerais[92].

---

[91] Será no entanto de admitir um caso no qual a presunção se manterá mesmo após a cessação das funções de administração ou gerência, o caso em que essa pessoa seja sócia da aceitante. Com efeito, embora cesse as suas funções, não cessa a sua ligação à sociedade pelo que, quer por uma actividade mais directa nessa qualidade, quer pela prestação de contas e informação devida pela sociedade, os sócios terão conhecimentos das vicissitudes da vida desta, mormente do não cumprimento das suas obrigações.

[92] Outra situação que se coloca é a de separação judicial de pessoas e bens. Nestes casos cessa a coabitação mas, cremos não cessar todo e qualquer relacionamento entre os ainda cônjuges. Assim, seria de pressupôr que, neste estado de quase-divórcio,

Por último, quanto ao caso das sociedades em relação de domínio, será apenas de fazer uma breve referência ao facto de, pela própria natureza do mercado, tal domínio ser também ele passível de terminar[93], motivo que, pelo que foi dito acima, seria nestes casos necessário efectuar o protesto do título apresentado a pagamento e não liquidado.

4.3.5 *Deveres acessórios do avalista*

Tal como visto atrás, casos há em que admitimos a possibilidade de presunções do conhecimento do não pagamento pontual dos títulos apresentados para esse efeito que levariam à dispensa do protesto de molde a poder ser accionado o avalista do aceitante.

No entanto, e reportando-nos ao que anteriormente ficou enunciado, embora em termos muito sucintos, temos que, ao admitirmos estas presunções, admitimos igualmente o estabelecimento de um nexo directo entre avalista e aceitante, nomeadamente de uma relação subjacente à relação que determinou a existência do aval.

Com efeito, temos que a concessão do aval terá sempre na base um motivo objectivo, ou seja, uma origem baseada numa relação comercial, laboral, familiar, de amizade, de favor, etc.

Porém, casos há em que tal relação se apresenta de tal forma arreigada, ou se quisermos, embora em termos pouco jurídicos, íntima, que podemos admitir que, ao lado daquela relação objectiva que determinou a concessão do aval, concorrem muitas vezes relações subjectivas entre avalista e aceitante que determinam a própria evolução jurídica do mesmo, se nos é permitida esta ideia.

---

e pese embora a separação dos patrimónios efectuada por via da separação, a manutenção de algum contacto entre os cônjuges ditaria a manutenção da pressuposição de conhecimento do não pagamento da dívida, levando à desnecessidade do protesto. Assim, por regra não entendemos ser de dispensar o protesto nestes casos de separação judicial de pessoas e bens, sem prejuízo de ser demonstrado no caso concreto que o conhecimento presumido não existiu.

[93] A solução de necessidade de protesto não será aplicável porém se a ex-sociedade dominante mantiver uma participação no capital da ex-sociedade subordinada, tal como acima considerado

Embora esta concessão possa ter na sua base motivos de índole subjectiva, como por exemplo o caso referido de pais e filhos, a subjectividade da intenção não afastará a objectividade que aqui se refere quanto ao motivo.

De facto, se como entendemos nos nortearmos por um espírito de abstracção que rege os títulos cambiários, temos que, independentemente dos motivos subjectivos por detrás da concessão do aval, a literalidade do mesmo apenas exprimirá a objectividade da relação entre avalista e aceitante, não a sua subjectividade[94].

Mas, sem nos querermos perder demasiado nestas questões, cremos que o que importa realmente reter do que acima foi referido é a ideia, já anteriormente trabalhada, da especial relação subjectiva existente entre alguns avalistas e aceitantes, mormente nos casos acima referidos[95].

Ora, partindo desta ideia de uma relação especial, vimos já que seria perfeitamente aceitável a desnecessidade do protesto para se accionar o avalista de um aceitante, nomeadamente em função das razões já enunciadas, e para as quais aqui remetemos.

Mas, estamos igualmente em crer que esta especial relação não se quedará por aqui, nomeadamente quanto aos seus efeitos.

Uma questão que, com base nessa especial relação, se nos afigura como deveras pertinente será a de ser ou não possível destrinçar a existência, ao lado da obrigação principal do avalista, de algum outro dever acessório assumido pelo mesmo.

Será, em nosso entender pertinente suscitar aqui a questão da existência ou não de um verdadeiro dever por parte do avalista em

---

[94] Cremos que um exemplo perfeito do que aqui se procura enunciar será aquele já referido em que o pai dá um aval a favor do seu filho. Objectivamente pode um terceiro ter conhecimento do motivo objectivo que determina a atribuição do aval – a relação pai/filho. Porém, os motivos subjectivos por detrás deste aval podem até nem ter relação nenhuma com aquele parentesco, o que revela claramente não existir uma correspondência directa entre a objectividade expressa pelo título, se assim lhe podemos chamar, e a subjectividade por detrás dessa expressão. No entanto, cremos que esta problematização demasiadamente dogmática será de certo modo vazia de sentido quando está em causa a busca de uma solução prática, motivo pelo qual nos quedamos por esta simples enunciação

[95] cf. *supra* pág. 61

influenciar, dentro do possível e de forma adequada aos limites e condicionalismos da sua própria relação com o aceitante, este último com vista ao cumprimento da obrigação por si aceite.

Estamos em crer que, apesar de esta solução se nos afigurar como de inteiro mérito em termos de conduta social, não poderá nunca merecer honras de consagração legislativa ou doutrinal.

De facto, admitir que avalistas que estejam em especial relação com o aceitante por conta do qual foi prestado o aval sejam obrigados a diligenciar no sentido de impelir este último ao cumprimento das responsabilidades por si assumidas será uma ingerência inaceitável na esfera de autonomia privada daqueles, para além de levantar algumas dificuldades de ordem prática. Senão vejamos.

Como seria possível quantificar a medida desta obrigação do avalista? Ou melhor, como provar a diligência do mesmo no cumprimento do referido dever?

Não nos parece que possamos aqui seguir a regra civil da diligência exigida ao *bonus pater familiae*, nomeadamente por estar em causa uma relação de especial confiança, que ditaria certamente um maior grau de exigência do que o previsto em termos abstractos civilmente.

Seria exigível uma especial responsabilidade e diligência, na nossa opinião, extremamente difícil de determinar na medida em que teria de ser aferida *in casu*, já para não referir novamente todos os inerentes problemas de índole probatória.

Assim, admitir esta quase discricionariedade de valorização de conduta, ou melhor, de grau de exigência da mesma, seria, tal como adiante concretizaremos, bastante perigoso em termos práticos de segurança e certeza jurídica.

Pelo exposto, será então de recusar abertamente e sem reservas a teorização de um qualquer dever acessório desta natureza.

No entanto, poderá colocar-se a questão de saber se não será de admitir a concretização ou vertente negativa deste dever que ora se rejeita. Por outras palavras, será de admitir, sempre nos casos de especial relação sobre os quais ora versamos, a existência de um dever acessório de não obstrução ao regular cumprimento da dívida expressa pelo título cambiário?

Ou melhor dizendo, será que podemos teorizar e transportar para a realidade prática, nomeadamente sustentado legalmente, um dever do aceitante em, estando numa posição privilegiada para esse efeito, não interferir de forma alguma com a acção do aceitante, nomeadamente estorvando ou determinando pelo seu comportamento um eventual incumprimento da dívida?

Imaginemos por exemplo o caso de cônjuges que são igualmente aceitante e avalista. Neste caso, pressupondo que existe a já referida relação especial de índole subjectiva entre os mesmos, poderíamos conjecturar uma situação na qual o avalista (por exemplo o cônjuge marido) através da sua acção ou de determinado ascendente sobre a aceitante (cônjuge mulher), provocava uma situação que determinava o não cumprimento atempado das obrigações por esta aceites.

Em princípio, não se poderia aqui levantar qualquer dificuldade na medida em que, tal como entendemos, não seria necessário neste caso o recurso pelo portador ao protesto para demandar directamente o avalista, ficando desse modo ressarcido pelo eventual prejuízo causado pela acção deste.

Mas, vimos também que casos há em que as razões que justificam a dispensa de protesto deixam de existir, nomeadamente, e dado estarmos a utilizar como exemplo o caso dos cônjuges, pela cessação da coabitação.

Ora, admitindo que neste caso o portador não protesta atempadamente a letra, seríamos tentados, numa análise mais superficial da realidade, a de imediato concluir que perdia desse modo qualquer direito de acção contra o avalista.

No entanto, se formos a analisar cuidadosamente esta conclusão, seria forçoso retirar a conclusão que o avalista sairia nestes casos beneficiado pela sua conduta por demais censurável. Vejamos um exemplo elucidativo.

Dois cônjuges separados de facto são avalista e aceitante de uma letra. Não coabitam mas partilham ainda conta bancária[96].

---

[96] Este tipo de situações não é tão invulgar na realidade como à partida poderíamos ser levados a pensar. Embora tenham cessado os laços relacionados com a coabitação, muitas vezes os cônjuges separados de facto mantêm ainda entre si

Tendo um deles conhecimento que o outro é aceitante de uma letra que se vencerá em determinado dia, diligencia, pelos mais diversos motivos imagináveis, no sentido de retirar da conta bancária os fundos necessários ao regular cumprimento da dívida pelo aceitante.

Neste caso, determinava desse modo o incumprimento da dívida em questão pelo seu cônjuge e, na situação que ora nos interessa, ver-se-ia exonerado na medida em que o portador não efectuasse o protesto atempadamente.

E a situação seria tanto mais censurável na medida em que o aceitante entraria, por facto alheio à sua vontade, em mora, vendo desse modo aumentar o montante da sua responsabilidade.

Ou seja, não só o avalista conseguia exonerar-se (se não for feito o protesto, o que é quase como que um dado adquirido em face da actual irrelevância dada ao instituto) da sua responsabilidade, reduzindo dessa forma as garantias do portador[97], como conseguia igualmente colocar o aceitante numa posição delicada, não só pelo incumprimento, como também pelo avolumar da sua responsabilidade[98].

Mas, embora a enunciação deste problema tenha assentado neste exemplo muito concreto, entendemos que será no entanto necessário encontrar uma enunciação de cariz genérico para o mesmo.

---

diversos laços de natureza patrimonial, nomeadamente as contas bancárias em que ambos são titulares

[97] Embora esta questão seja na realidade uma falsa questão na medida em que é o próprio portador que permite a redução das suas garantias ao não efectuar atempadamente o protesto. Poderíamos quanto muito conjecturar que, se não fosse pela conduta claramente fraudulenta do avalista, o portador não seria posto nessa situação, mas não nos parece que este tipo de considerações seja neste ponto relevante para o objectivo visado

[98] E este avolumar da responsabilidade é especialmente de notar porquanto se deverá entender, como o faz a maioria da doutrina, que o avalista não será responsável pelos juros de mora, motivo pelo qual, mesmo numa situação em que o portador faça atempadamente o protesto, mantendo dessa forma os direitos de acção contra o avalista, este não seria responsabilizado pelos juros de mora, pelo que, em virtude da sua conduta censurável, apenas a responsabilidade do aceitante se avolumaria

Assim, podemos reduzir esta problemática a duas questões: a responsabilidade pelo incumprimento e a questão dos juros devidos pelo aceitante em face desse incumprimento[99].

Ora, seria em algum destes casos aceitável consagrar um dever geral de não intervenção do avalista? E em caso afirmativo, poderia a infracção desse dever levar à responsabilização do aceitante pelo dano causado?

Estamos em crer que, apesar do mérito que a imposição desse dever teria, nomeadamente permitindo evitar ou pelo menos dissuadir este tipo de situações, a aplicação prática do mesmo seria de certo modo injustificada.

Com efeito, embora possa parecer de elementar justiça a existência de um dever acessório desta natureza, a verdade é que estamos em crer que o mesmo já resultará dos princípios gerais de Direito, nomeadamente de um princípio de boa-fé.

Admitir a responsabilização do avalista nestes casos, nomeadamente pela redução das garantias do portador que não protesta a letra seria admitir uma benefício para este último mesmo estando em causa uma falta de cumprimento por si de formalismos legais, o que nos parece de repudiar porquanto contrário ao próprio espírito da existência desses mesmos formalismos.

No entanto, fica por dar resposta à questão dos juros de mora a que o aceitante fica sujeito sem ter por isso tido qualquer culpa, tanto mais relevante na medida em que o avalista, em caso de não ser feito o protesto, não será responsável por estes[100].

---

[99] Embora estejamos a dispersar-nos um pouco do objecto inicial do trabalho, parece-nos útil não deixar passar em claro estas dúvidas que surgem ao longo da análise dos regimes jurídicos em questão. De facto, é por entendermos que faltam por vezes soluções mais directas a nível legislativo que, como que se nos impõe esta tarefa de procurar dar uma resposta que em termos de justiça nos pareça equilibrada e adequada ao preenchimento das lacunas legais, ainda que aparentes

[100] Embora como se verá, mesmo sendo a letra protestada e exigido ao avalista o pagamento dos juros moratórios, este terá sempre direito de regresso contra o aceitante pelo que pagou, motivo pelo qual, em última instância, o único prejudicado pela situação da mora será o próprio aceitante. É de realçar que, o facto de a LULL

Ora, partindo do princípio que caberá ao aceitante o pagamento último destes mesmos, temos então um verdadeiro dano, causado por um terceiro, e que deveria, por algum instituto jurídico, ser reparado.

Aqui, cremos igualmente não ser necessário consagrar um dever acessório de não obstrução que conduzisse a essa responsabilização na medida em que a solução poderá facilmente ser encontrada nas normas jurídicas já existentes. Senão vejamos.

De acordo com o art. 483.º, n.º 1 do Código Civil, "aquele que, com dolo ou mera culpa, violar ilicitamente o direito de outrem ou qualquer disposição legal destinada a proteger interesses alheios fica obrigado a indemnizar o lesado pelos danos resultantes da violação".

Se procedermos à decomposição do preceito em questão, mesmo sem ser demasiadamente aprofundada, embora consigamos efectuar a prova da existência de um dano objectivo, estamos em crer que muito dificilmente poderia ser provado o dolo ou a negligência. Mas, mesmo admitindo a possibilidade dessa prova, fica ainda por resolver o problema da violação ilícita de disposições legais.

Não se contesta que haja uma ilicitude, mas esta só pode ser considerada a nível moral. De facto, não se afigura possível descortinar um preceito legal que proteja a posição do aceitante nos casos em apreço. Seria inclusivamente um absurdo admitir, no exemplo enun-

---

prever nos seus artigos 48.º e 49.º o pagamento pelo avalista dos juros não coloca de forma alguma em causa a verdadeira autonomia das obrigações de ambos perante o título cambiário, nomeadamente perante o portador deste. Com efeito, a partir do momento em que o avalista é interpelado para o cumprimento das quantias em falta, ele próprio incorrerá em mora. Embora admitir esta situação possa parecer um pouco estranha na medida em que esse caso concorrem a mora do avalista e do aceitante, admitir a solução contrária – a não existência de mora por incumprimento de obrigações legalmente previstas –, parece-nos muito mais reprovável. Será então de admitir que, os preceitos em questão, na parte em que aos juros de mora dizem respeito, não pretendem contrariar a autonomia das obrigações em questão, mas tão só efectuar um reforço das garantias de terceiros, mormente do portador diligente da letra, que atempadamente a apresentou a pagamento e a protestou. Quer-nos parecer que esta solução será inclusivamente de indiscutível mérito prático na medida em que salvaguarda a certeza e as garantias necessárias a nível do comércio jurídico ciado, que existiria um direito do aceitante à disponibilidade de provisão, ou melhor, a que o outro legítimo titular da conta bancária não a pudesse movimentar devido à necessidade de provisão.

Assim, não se vislumbra qualquer possibilidade de reconduzir estas situações a uma responsabilidade extra-contratual.

E se for responsabilidade contratual?

Sem nos alongarmos em demasia, também esta solução nos parece desajustada na medida em que falta o suporte negocial que determine a responsabilidade.

Dado não estarmos igualmente em presença de uma situação de responsabilidade objectiva pois, como se sabe, esta apenas opera quando expressamente prevista na lei, terá forçosamente de colocar-se a questão de como conseguir a reparação do dano causado.

Entendemos que, o mero recurso aos princípios gerais de Direito, embora indispensável e louvável, peca como se sabe pela inutilidade prática. De facto, a invocação da boa-fé, não obstante o seu mérito, é como que inócua na medida em que, quanto muito servirá de argumento na determinação de uma sanção a aplicar, não servindo porém como suporte legal para essa mesma responsabilização.

No entanto, estamos em crer que será possível a responsabilização do avalista pelo pagamento dos juros de mora devidos pelo aceitante pelo recurso à figura do abuso de direito prevista no art. 334.º do Código Civil.

De facto, e para os efeitos que ora nos interessam, é considerado ilegítimo o exercício de um direito quando o titular do mesmo exceda manifestamente os limites da boa-fé.

Ora, quer-nos parecer que no exemplo dado, esta seria a via ideal para conseguir a responsabilização do avalista na medida em que este agiu ao abrigo de um direito que lhe assistia – a movimentação da sua conta bancária –, sendo porém que tal acção visava (e aqui reforçamos a imperatividade e dificuldade da prova) manifestamente o prejuízo de outrem, violando desse modo a já mencionada medida de apuramento de responsabilidade – a boa-fé.

Por esta via, embora de difícil prova, o aceitante conseguiria o ressarcimento dos danos causados pela conduta legítima do seu avalista.

4.3.6 *A interpretação literal da LULL*

Chegados a este ponto, e tendo por demais clarificado a nossa posição quanto a este assunto, entendemos no entanto ser ainda útil levar em consideração outros argumentos a favor da necessidade do protesto que se afiguram como deveras relevantes, bem como aproveitar algumas linhas para efectuar uma crítica à posição Jurisprudencial relativa à interpretação da lei.

Neste último ponto, e no seguimento do que acima se referiu, entende o STJ, no seu Acórdão de 17 de Março de 1988[101], que a interpretação do art. 53.º da LULL, à luz do disposto no art. 9.º, n.º 3 do Código Civil, justificaria o recurso ao art. 32.º da LULL, excepcionando dessa forma o entendimento literal relativamente ao qual só se manteriam os direitos de acção contra o aceitante. Ora, quer-nos parecer que, segundo esse mesmo art. 9.º, n.º 3 do Código Civil, deverá presumir-se que o legislador consagrou as soluções mais adequadas, e que soube exprimir correctamente o seu pensamento. Assim, por tudo o que foi dito, pensamos que admitir a figura de uma "solidariedade imperfeita", associada à produção de efeitos jurídicos "seleccionados" na esfera de terceiros e, construindo-se toda uma con-cepção desligada da aplicação prática não se poderá nunca coadunar com o espírito deste artigo. A simplicidade e clareza de processos prevista no art. 53.º e no art. 32.º da LULL não deve ser adulterada por interpretações que, ao contrário de fixar um entendimento claro e lógico, conduzem a situações injustas e manifestamente absurdas em alguns casos. E nunca poderá o que ora se diz ser afastado com o argumento que o onerar do portador de uma letra com o protesto será também manifestamente injusto. Com efeito, o portador apenas intervém na letra porque assim o quis, assumindo nesse instante todos os ónus e encargos[102] previstos legalmente, bem como o risco do não pagamento

---

[101] cf. *supra* pág. 17

[102] E também não se poderá argumentar que será um ónus excessivo para o portador em face das custas do protesto porque a LULL prevê claramente no seu art. 48.º III que o pagamento destas despesas pode ser reclamado pelo portador àquele a quem pedir o pagamento da dívida

pontual do título. Mais se diga, como é do entendimento comum, que qualquer exigência legal de determinado formalismo não deverá ser afastada pelas partes com a justificação da extrema onerosidade do mesmo. De facto, e à luz do art. 9.º, n.º 3 do Código Civil, deverá entender-se que o legislador soube exprimir correctamente o seu pensamento, o que indica claramente que, se ele se decidiu pela introdução de determinados formalismos – mesmo que onerosos para as partes –, fê-lo por julgar que os mesmos assumiriam um papel importante em determinado acto jurídico.

Temos então que o entendimento pelo qual pugnamos nestas páginas se nos afigura como mais justo e equitativo, bem como mais fielmente seguidor ou adaptado à letra da lei e ao seu espírito, cumprindo assim o previsto no referido art. 9.º do Código Civil.

4.3.7 A cláusula "sem protesto"

Mas os argumentos a favor da necessidade do protesto não se esgotam por aqui.

Tal como acima referimos, o STJ aborda igualmente uma questão relevante nesta matéria sem no entanto chegar a tomar posição quanto à mesma, a cláusula "sem protesto". Pareceu-nos no entanto que a posição assumida pelo STJ[103] seria a de considerar que quando o art. 46.º da LULL se refere à possibilidade de dispensa de protesto, exclui do seu âmbito o avalista do aceitante.

Com o devido respeito, não podemos deixar de discordar deste entendimento que aqui presumimos. Com efeito, refere o art. 46.º da LULL que "o sacador, um endossante ou um avalista pode, pela cláusula «sem despesas», «sem protesto», ou outra cláusula equivalente, dispensar o portador de fazer o protesto por (...) falta de pagamento, para poder exercer os seus direitos de acção". Ora, relembrando aqui o que foi dito acerca da interpretação da lei, parece-nos que o entendimento simples e linear da mesma levaria a que na expressão avalista

---

[103] cf. *supra* pág. 15 e ss.

se considerassem quer os avalistas do aceitante, quer quaisquer outros avalistas dos restantes co-obrigados cambiários. No entanto, a interpretação clara e literal deste preceito levaria a que toda a construção dogmática efectuada pela Jurisprudência e Doutrina dominantes caísse por terra, motivo pelo qual, mais uma vez, se procura extravasar o espírito da lei, num claro esforço de interpretação *praeter legem* que em nada contribui para a certeza e segurança jurídica, mas tão só para servir de fundamentação artificial a uma tese também ela desajustada da realidade.

Temos então que entendemos que na expressão "avalista" utilizada pelo art. 46.º da LULL deverão ser igualmente integrados os avalistas do aceitante, não só pelo que ora se disse mas também por um argumento que se nos afigura como concludente.

Como se viu, a cláusula sem protesto dispensa o portador de efectuar aquele, sem no entanto perder o direito de regresso contra os co-obrigados que não o aceitante. Assim, a lei permite que o sacador introduza tal cláusula *ab initio*, caso em que o protesto será dispensado contra todos os intervenientes, situação que se compreende e aceita na medida em que qualquer outro dos co-obrigados intervém posteriormente à aposição da cláusula e como tal tem conhecimento desde logo da sua existência, aceitando-a tacitamente. Cada um dos intervenientes voluntários na circulação como que dá o seu assentimento à desnecessidade de protesto quanto a si[104].

Mas a lei permite igualmente que seja o avalista a inserir essa cláusula, sendo que nesse caso a dispensa apenas produzirá efeitos quanto a si, excepcionando o previsto no art. 53.º da LULL[105]. Assim, será *mister* perguntar que sentido fará porém dar ao avalista a possibilidade de dispensar o portador de efectuar o protesto quanto a

---

[104] No entanto esta cláusula não dispensa o portador de um dos deveres que temos defendido como fundamental, a apresentação a pagamento do título no prazo legalmente previsto para o efeito

[105] E entendemos que esta relatividade dos efeitos da dispensa é sem dúvida mais um argumento a favor da relatividade dos efeitos jurídicos derivados de um título em relação aos diferentes intervenientes do mesmo, situação à qual já fizemos referência *supra*

si, e depois vir assumir-se que, mesmo que o avalista não o dispense (podendo fazê-lo), continua aquele a manter todos os direitos de acção contra este? Ou seja, dá-se uma possibilidade ao avalista de dispensar o protesto que produz exactamente os mesmos efeitos que se não houvesse tal possibilidade na medida em que levam ambos os casos à desnecessidade do protesto.

A nosso ver, este entendimento é no mínimo ilógico e completamente contrário ao espírito da lei. Deverá sim entender-se que, sendo certo, como já referimos, que estamos em presença se relações autónomas (aceitante-portador/avalista-portador), a lei permite ao titular de cada uma delas moldar os termos (embora só nestes aspectos) em que as mesmas se irão desenrolar.

Temos então que quanto a esta questão da cláusula sem protesto, poderá aqui ser efectuado um paralelismo com os regimes de cláusulas contratuais gerais.

Assim, existindo a cláusula desde o saque, qualquer interveniente a aceita e conforma a relação que estabelece com os restantes intervenientes de acordo com a mesma.

Por outro lado, permite-se igualmente que, não existindo esta cláusula, os intervenientes "adiram" só ao que a letra consubstancia (um determinado valor pagável em determinada data), mas aqui indo mais além e conformando, embora de forma diminuta, a relação que estabelecem com os restantes intervenientes, mormente clausulando a dispensa de protesto quanto a si.

Pelo exposto, assumimos por uma lógica *a contrario* que, se a lei permite que o avalista dispense o protesto, é porque este será sempre exigível quanto a si (salvo no caso referido de a cláusula existir anteriormente à sua intervenção no título).

Será este o entendimento literal a dar à conjugação entre os artigos 32.º, 53.º e 46.º da LULL, entendimento que evita claramente as dificuldades interpretativas com que se deparam os que pugnam pela solução oposta, contribuindo para uma maior certeza do regime legal.

4.4 Conclusão

Na nossa opinião, e salvo os casos excepcionais em que admitimos que se dispense o protesto para accionar o avalista do aceitante[106], o protesto assume-se como uma garantia probatória do regular cumprimento das obrigações formalmente previstas para a cobrança de títulos cambiários vencidos.

Nesse quadro, assume uma natureza de pressuposto da exigibilidade de determinada dívida face a todos os intervenientes cambiários, servindo igualmente de elemento de demonstração junto destes dos contornos da sua responsabilidade.

A sua dispensa justifica-se em casos legais ou em que pontualmente se admitem, não por restrição do art. 53.º por parte do 32.º da LULL, mas sim pela análise prática da realidade, critério último para se poder determinar a boa aplicabilidade ou não de determinada lei ou de determinada interpretação legal.

Fora destes casos, defendemos a sus imperatividade sem reservas, sendo que a falta do mesmo inibirá o portador de uma letra de agir judicialmente contra qualquer interveniente na circulação cambiária que não o aceitante.

Porém, temos plena consciência de que a interpretação legislativa por via doutrinal não é, nem poderá, antes pelo contrário, ser uma forma de consenso sobre a matéria em questão.

De facto, diversas foram as posições defendidas ao longo dos anos pelos autores que, embora marcadamente coincidentes nos traços gerais, sempre se pautaram por diferenças a nível intrínseco das suas teorias.

Por outras palavras, independentemente do consenso global, tal como se viu, nunca houve aquilo a que se pode chamar de uma verdadeira harmonia a nível da interpretação legislativa.

Em nosso entender, e dentro da linha da posição por nós defendida, estas diferenças de opinião relativas às mais distintas matérias cambiárias prendem-se sobretudo com as próprias diferenças a nível da

---

[106] Nomeadamente os casos de presunções legais referidos

conceptualização básica destes temas, nomeadamente no que diz respeito ao próprio entendimento dos autores sobre as matérias relativas ao aval e ao protesto.

Como se viu, partindo da evolução histórica sucintamente analisada, e tendo em consideração as diferentes teses em questão, podemos numa tentativa de esquematização de ideias referir que fundamentalmente, todos os autores coincidem, salvo Paulo Sendin e Evaristo Mendes, na resposta a dar à pergunta sobre a necessidade ou não do protesto relativamente ao avalista do aceitante.

Porém, decompondo a argumentação, facilmente verificamos que esta diverge de autor para autor consoante o próprio entendimento que cada um terá acerca dos institutos em questão, mormente da sua natureza jurídica e função.

Com isto pretende-se dizer que, embora na nossa opinião a lei seja clara e inequívoca, estamos em crer que enquanto não houver por parte do legislador uma clara tentativa de "maior clarificação" das posições a adoptar na interpretação da lei, verificamos que na prática, a Doutrina e a Jurisprudência tenderão para continuar a defender aquela que consideramos ser a solução mais cómoda, porquanto permite uma mais ampla defesa dos direitos dos portadores dos títulos cambiários.

Ora, entendemos que o conceito de Justiça equitativa exigirá que esta unilateralização de reconhecimento e prossecução prática de direitos não seja possível, especialmente porque nunca nos podemos esquecer que, por cada vez que se beneficia um portador ao reconhecer-lhe a desnecessidade do protesto, claramente se prejudica um avalista, reduzindo as suas garantias legalmente tipificadas.

Por outro lado, esta clarificação legislativa urge em face do cada vez maior descrédito e insegurança em que caem os títulos de crédito, bem como do avolumar de processos em Tribunal para discussão de questões como a da necessidade ou não do protesto, entre outras, questões que, provavelmente devido a uma certa desactualização da LULL face à realidade actual, se revelam de muito difícil interpretação extra-judicial.

Por fim, e embora não tão directamente relacionado com as razões que ditaram o presente estudo, e pelas quais aqui reclamamos uma revisão clarificadora da lei, temos que a evolução recente do panorama legislativo nacional, e também internacional, foi num sentido de recepção das evoluções tecnológicas como documentos electrónicos, certificação digital, comunicações via Internet, etc.

Ora, como é fácil de constatar, este será certamente o futuro dos títulos de crédito, exigindo desse modo uma renovação acerca do entendimento que temos acerca dos mesmos, nomeadamente acerca da sua cartularidade.

De facto, a cada vez maior aceitação legislativa do que podemos chamar de documentos electrónicos, ou do que alguns autores chamam de documentos virtuais, levará em breve a que, de modo a evitar a sua completa extinção, os títulos de crédito se adaptem a esta realidade.

Com o progressivo fim da utilização comercial do papel, acabará inevitavelmente a célebre "cártula", o que exigirá da parte do legislador um esforço reconstrutivo da actual realidade cartular de modo a permitir a sua viabilidade enquanto instrumento de comércio no futuro.

Por outro lado, toda a realidade que se avizinha a nível dos títulos de crédito é marcada por grandes incertezas, como por exemplo questões relacionadas com a segurança e fiabilidade dos títulos, sua inviolabilidade e protecção de dados, etc.

Assim, afigura-se-nos como clara a necessidade de um repensar total destes institutos, seja para proceder à sua clarificação actual, ajustada à realidade, seja para preparar atempadamente os tempos vindouros, dotando estes instrumentos da ora inexistente certeza e segurança que permitam que os títulos de crédito continuem no futuro a poder desempenhar o papel de circulação de riqueza indispensável ao alargamento dos mercados económicos.

Mas, estas são alterações que estamos em crer serão ditadas cada vez mais pela própria realidade que, indiferente à Doutrina e Jurisprudência dominantes, cada vez mais revelará a Justiça de soluções eminentemente voltadas para uma maior uniformização dos interesses em jogo.

No fundo, estamos em crer que pela contínua e meritória acção dos profissionais do Direito, em breve se conseguirá que todas estas matérias se libertem dos seus dogmas tradicionais, permitindo dessa forma que os títulos de crédito recuperem toda a sua importância e fiabilidade enquanto instrumentos do comércio.

5. EVOLUÇÃO JURISPRUDENCIAL

Volvidos que se encontram quase três anos da publicação do presente estudo, julgamos ser interessante efectuar um breve périplo pelas decisões mais recentes dos nossos Tribunais superiores, mormente no que a esta questão da necessidade de protesto para accionar o avalista do aceitante concerne.

Nesse sentido, e considerando tudo o que acima fica exposto, lamentamos verificar que não é possível verificar qualquer alteração a nível da nossa jurisprudência superior no que a esta questão concerne. Com efeito, mantêm-se as decisões com base na Doutrina dominante, com recurso aos mesmos argumentos aduzidos no passado, e com os mesmos resultados, em nossa modesta opinião, lamentáveis.

De entre algumas das diversas decisões analisadas, citamos os Acórdãos do Supremo Tribunal de Justiça de 21 de Abril de 2004 e de 23 de Setembro de 2003, bem assim como os Acórdãos da Relação do Porto de 23 de Janeiro de 2003 e da Relação de Lisboa de 9 de Julho do mesmo ano. Estamos em crer que eles reflectem bem a insistência e quiçá algum conformismo das nossas instâncias superiores relativamente a esta questão.

Mais se diga que todas as decisões mencionadas primam pela unanimidade, o que equivale a dizer que não se afiguram como prováveis quaisquer vozes discordantes no actual corpo decisório, facto esse que a nosso ver continuará a contribuir para o desrespeito da legislação relativa ao protesto tal como prevista na Lei Uniforme.

Não obstante esta apreciação em termos gerais, estamos em crer que se impõe um exemplo concreto do que entendemos ser este claro desrespeito pelas regras em vigor. Assim, tomemos com base de análise o supra-referido Acórdão do STJ de 23 de Setembro, do qual passamos a citar um excerto que nos parece da maior importância:

"A primeira questão a decidir prende-se em saber se a falta de protesto das livranças faz com que o seu portador perca o direito de acção contra o avalista do aceitante sem protesto. Em face do preceituado no art. 53.º da Lei Uniforme e atendendo a uma interpretação literal, poder-se-ia entender que efectivamente era necessário tal protesto. Na verdade, aí se dispõe que expirado o prazo do protesto, o portador perde o seu direito de acção contra os endossantes, sacador e outros co-obrigados, à excepção do aceitante. Assim, como o avalista não é aceitante, mas sim um co-obrigado, excluído está daquela excepção, pelo que na falta de protesto não podia ser accionado".

Ora, no nosso entender, e tal como fica expresso neste trabalho, este entendimento é, sem dúvida, correcto. Baseia-se na literalidade da lei, claramente admite que o avalista do aceitante é um co-obrigado, e não uma qualquer "incorporação" externa do próprio aceitante, e conclui pela necessidade do protesto numa situação como esta. Porém, o citado Acórdão vai mais adiante, como passamos a citar:

"Não aderimos, porém, àquela interpretação baseada na letra da lei, pois, ao intérprete, como diz o Professor Manuel de Andrade, impõe-se a máxima segundo a qual em caso de dúvida, deve dar-se preferência ao sentido que leve à solução mais razoável, apreciando-se tal razoabilidade de jure constituendo, isto é, sob o ponto de vista da justiça e da utilidade no sistema geral da lei".

O que equivale a dizer que, apesar das conclusões a que o douto Tribunal chega quanto à posição do avalista do aceitante enquanto co-obrigado, imediatamente faz uso do expediente interpretativo para conseguir alcançar uma conclusão que permita a responsabilização daquele em casos de ausência de protesto. Há questões que não podem, porém, deixar de merecer algum reparo, não obstante serem em certa medida repetições do que acima se disse.

Alude-se na referida citação a "casos de dúvida". Impõe-se então perguntar, quais casos de dúvida, quando parece tão clara a lei ao qualificar o avalista como co-obrigado. Qual a razoabilidade da dúvida levantada quando a interpretação da lei é clara e directa?

Por outro lado, argumenta-se que a decisão de dispensar o protesto decorrerá, então, de uma ponderação com base em critérios de justiça e de utilidade no sistema geral da lei. Tal equivale a dizer que contrapõe--se a posição do avalista do aceitante face à posição do portador do título. Embora possamos compreender a necessidade e importância da salvaguarda da segurança no comércio jurídico enquanto defensora da posição deste último, este tipo de decisões ignora por completo um facto simples que decorre da própria letra da lei: existe um instituto próprio que deve ser accionado – o protesto – neste tipo de situações, tal instituto é, por decorrência expressa da própria lei, apenas dispensado no caso do aceitante, e ainda assim decide-se em favor de quem omite os seus deveres legais.

Não faz, em nosso entender, bom serviço à Justiça uma decisão ou orientação dominante que pugna pela contradição expressa da lei, em prejuízo dos direitos nesta garantidos a determinada parte. Seria tão pouco razoável defender a necessidade de protesto pela sua mera consagração em preceito legal? Não nos parece que sim, razão pela qual pugnamos pela necessidade de revisão urgente quanto às decisões e doutrina nesta matéria, cientes porém da pouca aceitação que esta posição merece ou merecerá no futuro.

6. NOTAS SOLTAS SOBRE INVALIDADE DE TÍTULOS DE CRÉDITO

Como complemento ao que acima fica dito, entendemos ser oportuno suscitar uma questão relacionada com a invalidade de títulos de crédito, nomeadamente no que à posição dos avalistas dos mesmos concerne.

Para esse efeito, passamos a enunciar um caso prático com que nos deparámos, o qual julgamos ser um bom ponto de partida para esta breve análise que visa tão-só juntar uma voz mais às poucas que se apresentam como discordantes neste tipo de matérias.

6.1 Situação a analisar

Em sede de execução, foi apresentada em Tribunal uma livrança subscrita pela sociedade A[107] e respectivamente avalizada pelos seus gerentes, B e C. O título em questão destinava-se a garantir a execução de um contrato de mútuo celebrado entre a sociedade A e uma instituição bancária, D, contrato esse celebrado em 1999. O título foi aceite pela sociedade A nessa mesma data.

Verificado que foi o incumprimento das prestações devidas por A a D, esta última avançou com a respectiva execução, apresentando como título executivo a supra-referida livrança, cuja data de emissão e de vencimento era Março de 2003.

Importa ainda considerar que o gerente C tinha renunciado às suas funções em Setembro de 2000, facto esse devidamente registado como a lei impõe.

---

[107] Por motivos de confidencialidade, iremos manter anónimas as partes no processo em questão.

Em sede de Embargos de Executado, defendeu-se o ex-gerente C alegando a nulidade do título, a nulidade do aval e a inexistência de protesto para poder ser accionado enquanto avalista do aceitante[108].

Desse modo, as questões que sumariamente passaremos a analisar serão: a validade do título e o reflexo da mesma na posição do avalista do aceitante[109].

6.2 Da questão do título em branco

Como ponto prévio desta análise, e pelo que fica exposto, temos com um facto assente que a data de emissão e vencimento da livrança em questão foi preenchida posteriormente à data de celebração do contrato que lhe serve de suporte, data essa em que a sociedade A e os respectivos avalistas subscreveram o título[110].

Assim, de acordo com o disposto no art. 10.º da LULL, referindo-se (por remissão também do art. 77.º do mesmo diploma) genericamente à violação do pacto de preenchimento, podemos inferir, *a contrario*, que é possível o preenchimento posterior do título de acordo com o pacto de preenchimento existente[111] (expresso ou tácito).

Daqui podemos inferir logicamente que, apesar de incompleto, estamos já perante um título de crédito validamente constituído, permi-

---

[108] Apenas a título informativo, já se adianta que foram julgadas improcedentes todas as alegações do Embargante.

[109] Dispensamos ora a análise da questão do protesto neste tipo de situações, tanto mais que a mesma foi já aflorada no decurso deste trabalho, pelo que para lá remetemos.

[110] Esta conclusão decorre da mais elementar lógica, na medida em que na mencionada data de emissão e de vencimento um dos gerentes já tinha renunciado ao seu cargo há 2 anos, sendo certo que nunca seria preenchido o título com uma data de emissão 4 anos posterior à data de celebração do contrato de mútuo pelas naturais razões de segurança inerentes.

[111] Este normalmente diz respeito ao valor a preencher e data de vencimento que corresponderão respectivamente ao valor em dívida e à data em que se verifica o incumprimento da obrigação subjacente ao título.

tindo a lei o ulterior preenchimento de alguns dos elementos do mesmo. Ora, no caso em concreto o que se discute é a validade do preenchimento posterior da data de emissão que, como afirmámos, não coincide com a data de subscrição.

De acordo com o disposto no art. 75.º, n.º 6 da LULL, é requisito da livrança *"a indicação da data em que e do lugar onde a livrança é passada"*, sendo que a falta dessa data de emissão é cominada no art. 76.º do referido diploma com a não produção do documento de quaisquer efeitos enquanto livrança, salvo nos casos expressa e taxativamente aí previstos. Ora, entre tais excepções não se encontra a data de emissão, não estando igualmente prevista qualquer forma de colmatar a sua inexistência, o que nos leva a concluir que a lei exige *ab initio*[112] a inclusão daquele elemento no documento de forma a poder o mesmo ser considerado como um título de crédito validamente constituído (neste caso uma livrança).

Voltando então um pouco atrás, temos que o art. 10.º da LULL permite o preenchimento posterior de uma livrança incompleta. Porém, dado que a falta da indicação da data de emissão dita, em nosso entendimento, a inexistência de uma livrança, decorre que o preenchimento posterior de tal elemento não será admitido pelo texto do referido artigo. Por outras palavras, não se pode preencher a data de emissão invocando o pacto de preenchimento na medida em que pressuposto prévio de tal preenchimento é a existência do título, que sem a data de emissão, não se verifica.

Pelo exposto, somos a concluir que o preenchimento ulterior da data de emissão, mesmo que efectuado à luz do art. 10.º da LULL, viola claramente o disposto no art. 76.º desse diploma[113].

---

[112] Aquando da subscrição do mesmo.

[113] E não se alegue o recurso à relação subjacente para permitir a integração deste elemento no título dado que, como ficou dito, o título vale por si, independentemente da relação que está na sua base, devendo como tal a obrigação por si expressa ser validamente constituída sem recurso a qualquer elemento externo.

6.3 Do vício de forma

Consolidada que está a nossa posição quanto à existência ou não de um título de crédito na ausência *ab initio* da indicação da sua data de emissão, vejamos então o que entende a nossa Jurisprudência quanto a esta questão, mormente quanto ao vício que tal documento enferma.

De acordo com o Acórdão do Supremo Tribunal de Justiça de 27 de Abril de 1998, deverá entender-se que não existe uma livrança validamente emitida sempre que falte um elemento essencial da mesma.

Esta posição, em conjunto com a essencialidade da data de emissão tal como descrito no ponto anterior e com base nos elementos constantes do art. 75.º da LULL leva-nos a concluir pela nulidade do título face à ilegalidade resultante de ulterior preenchimento do mesmo[114]. É porém pressuposto deste entendimento que se consiga provar ou demonstrar razoavelmente que a data de emissão não terá sido preenchida aquando da subscrição do documento.

Admitir uma solução diversa da ora apresentada seria, na nossa opinião, *contra legem*, reforçando-se uma vez mais que os valores da segurança e confiança jurídica impõem que não se descurem, sob qualquer pretexto, os aspectos formais que conduzem e devem reger a celebração dos negócios jurídicos ou de direitos ou obrigações entre partes.

Como já igualmente referido, afastamos liminarmente a possibilidade de qualquer integração da data de emissão com recurso à relação (leia-se no caso concreto contrato) subjacente ao título. As características da livrança ditam a sua independência, literalidade e autonomia, no fundo como se não existisse qualquer relação na base da existência da livrança, que não o acordo expresso na mesma entre duas ou mais partes.

Concluímos assim estar perante um claro vício de forma do título.

---

[114] Note-se porém que não defendemos a existência de preenchimento abusivo do título. Com efeito, para que tal se verificasse, deveria existir um título, o que entendemos não ser o caso.

6.4 Nulidade do título e posição do avalista

Chegados a este ponto em que concluímos pela nulidade do título, teremos então de aferir qual a posição dos avalistas do aceitante do mesmo. Assim, por remissão directa do art. 77.º da LULL para o art. 32.º do mesmo diploma, temos que a obrigação do avalista não deverá manter-se quando estamos em presença de um vício de forma, como é o caso.

Desse modo, sendo nula a livrança por vício de forma (neste caso relacionado com a deficiente constituição enquanto título de crédito), será igualmente nulo todo e qualquer aval dado por conta do aceitante. Não seria possível chegar a outra conclusão dado que a mesma decorre directamente da letra da lei.

6.5 Conclusão

Como corolário do supra exposto, e trazendo a discussão de novo para o plano do caso em apreço, entendemos que nunca se chegou a constituir validamente uma livrança por omissão de um dos seus requisitos essenciais *ab initio* – a data de emissão da mesma.

Poucas ou nenhumas dúvidas restam que tal elemento foi preenchido posteriormente (infere-se tal pelo exposto aquando da introdução a estas notas soltas), o que, salvo melhor opinião, determinaria que o documento avalizado nunca poderia ter a qualificação de título de crédito nos termos conjugados dos artigos 75.º, 76.º e 77.º da LULL, enfermando de um vício de forma, conforme Acórdão supra citado.

Desse modo, não só o título seria nulo, como também qualquer aval dado por conta do aceitante do mesmo, tal como decorre do art. 32.º da Lei Uniforme, razão pela qual deveriam, na nossa opinião, ter procedido os Embargos de Executado.

Estamos em crer que situações destas são prática corrente junto das nossas instituições bancárias mas, a prática ou os usos e costumes nesta matéria não podem de forma alguma afastar os preceitos legais que determinam requisitos formais de validade de um negócio ou obrigação[115].

Esperamos que este breve contributo adicional possa de alguma forma influenciar futuras decisões nesta matéria, reconhecendo porém, desde já, as grandes dúvidas que temos de que tal venha a suceder, mais ainda considerando a grande dificuldade com que os nossos Tribunais procedem à inversão das suas posições, salvo está, quando tais provêem por exemplo de uniformizações de jurisprudência.

---

[115] As mesmas considerações que tecemos relativamente à questão do protesto podem aduzir-se aqui, mormente no que concerne ao estrito cumprimento de aspectos formais.

BIBLIOGRAFIA

BEIRÃO, FRANCISCO ANTÓNIO DA VEIGA, *Da Letra de Câmbio em Direito Internacional*, Typografia Universal, 1886

BORGES, JOSÉ EUNÁPIO, *Do Aval*, Ed. Forense

CARDOSO, PIRES, *Noções de Direito Comercial*, Rei dos Livros, 1998

CORREIA, FERRER, *Lições de Direito Comercial*, Vol. III, F.D.C., 1956

CORREIA, LUIS, *Direito Comercial,* Vol. I, A.A.F.D.L.

CORREIA, PUPO, *Direito Comercial*, Ediforum, 1997

COELHO, PINTO, *Lições de Direito Comercial*, VOL. II, fasc. V, as Letras, Lisboa

COELHO, PINTO, *Aditamento às lições de Direito Comercial: o Protesto de Letras*, Imprensa Nacional, 1961

DELGADO, ABEL, *Lei Uniforme das Letras e Livranças – Anotada*, Livraria Petrony, 1989

DIAS, GONÇALVES, *Da Letra e da Livrança*, Vol. III,

FRANCO, JOÃO, *Conceitos e Princípios Jurídicos*, Almedina, 1983

MARTINEZ, PEDRO ROMANO, *Garantias de Cumprimento*, 2.ª Edição, Almedina, 1997

NETO, ABÍLIO, *Código Civil Anotado*, Ediforum, 1999

NETO, AURORA, *Legislação Comercial*, Ediforum, 2001

OLAVO, FERNANDO, *Direito Comercial*, Vol. II, Coimbra Editora, 1977/78

PRATA, ANA, *Dicionário Jurídico*, 3.ª Edição, Almedina, 1990

SÁ CARNEIRO, JOSÉ, *Da Letra de Câmbio na Legislação Portuguesa*, Tipografia Sequeira, 1919

SENDIN, PAULO, *Letra de Câmbio: Lei Uniforme de Genebra*, Universidade Católica Portuguesa, 1976

SENDIN, PAULO, *A natureza do Aval e a questão da necessidade ou não do Protesto para accionar o Avalista do Aceitante"*, Almedina, 1991

TRIOLA, ROBERTO, *Il Protesto per mancato pagamento*, Giuffrè Editore, 1989

VARELA, ANTUNES, *Das Obrigações em Geral*, Vol. II, Almedina, 1990

VASCONCELOS, PEDRO PAIS DE, *Direito Comercial – Títulos de Crédito*, A.A.F.D.L., 1990

ÍNDICE

Introdução 9

1. Letra de Câmbio: breve síntese da evolução histórica e
   legislativa 13

2. Referências Jurisprudenciais 19
   2.1 Acórdão Relação Lisboa – 25/3/1999 20
   2.2 Acórdão Supremo Tribunal de Justiça – 15/5/1996 22
   2.3 Acórdão Supremo Tribunal de Justiça – 17/3/1988 24
   2.4 Conclusões 25
       2.4.1 Natureza e função do Aval 26
       2.4.2 Função do Protesto 27

3. Análise da Doutrina Portuguesa 29
   3.1 Natureza e função do Aval 29
   3.2 Natureza e função do Protesto 33
   3.3 Conclusões 38

4. Problematização e Posição adoptada 41
   4.1 A relevância do Aceite 41
   4.2 Do Aval e sua natureza 44
       4.2.1 O Aval-fiança; Crítica 44
       4.2.2 O Aval como garantia primária; Crítica e posi-
             ção adoptada; acessoriedade e subsidiariedade
             do Aval 45
   4.3 O Protesto e suas funções 58
       4.3.1 Função certificativa-publicitária 58
       4.3.2 Função Interpelativa 61
       4.3.3 Âmbito de aplicação do Protesto: posição do acei-
             tante e do avalista 62

4.3.4 Presunções legais e dispensa de Protesto	68
4.3.5 Deveres acessórios do avalista	71
4.3.6 A interpretação literal da Lei Uniforme	79
4.3.7 A cláusula "sem protesto"	80
4.4 Conclusão	83
5. Evolução Jurisprudencial	87
6. Notas soltas sobre invalidade de títulos de crédito	91
Bibliografia	97